U0747321

『一带一路』倡议下

纺织服装产业国际产能合作的经验与前景

"一带一路"倡议下

纺织服装产业国际产能合作的

经验与前景

索珊 王洁·编著

中国纺织出版社有限公司

内 容 提 要

在世界经济形势不断演变、国际贸易格局和国际直接投资布局发生深刻变革的今天，我国先后提出了"一带一路"倡议和国际产能合作的构想。

本书从"背景"和"现状"两部分研究了"一带一路"倡议下纺织服装产业国际产能合作的经验与前景。"背景篇"介绍了国际产能合作国内外研究现状、纺织服装产业国际产能合作的宏观背景和行业背景；"现状篇"介绍了纺织服装产业国际产能合作的现状、纺织服装产业国际产能合作重点国家分析、重点企业经验分析及后疫情时代纺织服装产业国际产能合作的建议。

本书适合纺织服装企业在进行国际产能合作布局时参考阅读，对行业及投资有一定参考意义。

图书在版编目（CIP）数据

"一带一路"倡议下纺织服装产业国际产能合作的经验与前景 / 索珊，王洁编著. --北京：中国纺织出版社有限公司，2021.10

ISBN 978-7-5180-8821-8

Ⅰ.①一… Ⅱ.①索… ②王… Ⅲ.①"一带一路" —纺织工业—国际合作—研究 ②"一带一路"—服装工业—国际合作—研究 Ⅳ.①F416.8

中国版本图书馆CIP数据核字（2021）第169027号

责任编辑：谢婉津 责任校对：王蕙莹 责任印制：王艳丽

中国纺织出版社有限公司出版发行
地址：北京市朝阳区百子湾东里A407号楼 邮政编码：100124
销售电话：010—67004422 传真：010—87155801
http://www.c-textilep.com
中国纺织出版社天猫旗舰店
官方微博 http://weibo.com/2119887771
北京华联印刷有限公司印刷 各地新华书店经销
2021年10月第1版第1次印刷
开本：710×1000 1/16 印张：11.5
字数：143千字 定价：58.00元

凡购本书，如有缺页、倒页、脱页，由本社图书营销中心调换

目录
contents

背景篇

第一章 国际产能合作国内外研究现状

国际产能合作这一概念是在世界经济面临深度调整和总体下行压力，各国大力发展实体经济的背景下，由中国首先提出的。自2014年这一概念首次提出至今，相关学术研究和探索主要集中于内涵的界定、概念提出的背景及意义、相关理论基础、合作模式和实施路径等方面。

第一节 国际产能合作的内涵及意义

一、国际产能合作的内涵

国际产能合作是一个相对比较新的概念。学术界和实践中关于这一概念的内涵及其外延还在不断的探索之中。

2014年底，李克强总理在联合国拉丁美洲和加勒比经济委员会上发表了题为《共创中拉全面合作伙伴关系新未来》的演讲。在该演讲中，国际产能合作被界定为"产业与投资合作，即在一国建设中，根据需要引入别国有竞争力的装备和基础设施建设所需要的建材生产线、先进技术、管理经验"。国际产能合作提出的背景是世界经济面临总体下行的压力，需要发挥互补优势，发展实体经济，推进工业化或再工业化。在此背景下，拉动经济增长、应对下行压力的良方就是扩大基础设施建设，带动装备制造业、基础原料产业及相关服务业发展。由于各国处在产业链的不同位置，因而开展国际产能合作可以充分发挥各自的比较优势，有效降低成本，促进产业多元化发展和就业扩大。国际产能合作是发展中国家和发达国家深化南北合作的新途径，是产业发展与基础设施投资的结合、工业化与再工业化的结合、金融与实体经济的结合。国际产能合作的目标是实现各国多赢互利、共同发展，促进世界经济强劲、可持续、平衡发展。

学术界对国际产能合作内涵的界定主要基于"合作"和"产业"这两个关键词，并且其关键点在于"合作"。

安宇宏（2015）认为国际产能合作是在比较优势的基础上，整体输出产业，从而在相关国家建立完整的工业体系和制造能力。其内涵可以从企业、产业、国家三个层面进行分析。企业是国际产能合作的微观主体和执行者。从产业来看，国际产能合作是相关国家在某个产业的产业间、产业内或产品内进行分工合作。从国家层面看，国际产能合作是分工、市场、技术、制度和标准等多领域的合作共赢的跨国合作。

吴润生等（2017）认为国际产能合作是指两个或多个国家在产业生产能力方面进行的、由多种方式组合在一起的合作。国际产能合作有广义和狭义之分。狭义的国际产能合作存在于产能互补的国家之间，是产业控制力较强的一国在另一国跨境配置产能的活动。而广义的产能合作还包括两个或多个产能都很强的国家间的合作。

刘勇等（2018）从国际产业转移和国际开发合作结合的角度出发，认为国际产能合作是由发展中国家提出的国际产业转移和开发合作新模式。不同国家在不同发展阶段都可以根据自身的要素禀赋状态形成多层次的国际合作机制。

二、国际产能合作的意义

为了推进国际产能和装备制造合作，国务院在2015年5月发布了《国务院关于推进国际产能和装备制造合作的指导意见》。该意见提出推进国际产能和装备制造合作的重要意义在于：①保持我国经济中高速增长，迈向中高端水平；②推动新一轮高水平对外开放，增强国际竞争优势；③深化我国与相关国家的互利合作，促进双方经济与社会发展共赢。

国际产能和装备制造合作的总体思路是将我国的产业优势和资金优势与国外需求相结合，企业是主体，以市场为导向，政府进行统筹协调。国际产能和装备制造合作的重点领域是制造能力强、技术水平高、国际竞争优势明显、国际市场有需求的领域。重点行业包括钢铁、有色、建材、铁路、电力、化工、轻纺、汽车、通信、工程机械、航空航天、船舶和海洋工程等。重点国别是与我国装备和产能契合度高、合作愿望强烈、合作条件和基础好的发展中国家。近期主要方向是亚洲周边国家和非洲国家。合作方式灵活多样，包括贸易、承包工程、投资、技术合作、技术援助等。

其中，轻工纺织行业可以依据不同国家的条件，采取建立加工厂、投资建设轻纺行业项目带动行业装备出口、建设轻纺产品加工基地等方式推动国际合作与国内产业转型升级。

吴涧生等（2017）认为国际产能合作具有重大意义。就国内而言，有利于培育全球性的跨国企业、推动我国经济实现高水平供需平衡和国民经济综合平衡。就国际而言，有利于打造以我国为"领头羊"的区域国际分工体系和互利共赢的命运共同体。

第二节
国际产能合作的理论基础

现存经济理论中还没有"国际产能合作"这一专门术语，国内研究者给出的英文译法，归纳起来，主要有"International Production Capacity Cooperation""International Cooperation on Production Capacity"等。但关于国际产能合作相关联的研究范畴，其中学者们研究中引用较多的是"国际直接投资""国际产业转移""国际合作"等，并以其作为国际产能合作的理论基础。吴涧生等（2017）在关于国际产能合作的文献综述中认为，国际产能合作的理论依据基本上是建立在国际产业转移及国际直接投资理论的基础上的，并主要从国际直接投资的角度，基于产业组织、比较优势和工序三个方向来阐释。刘勇（2018）认为传统单一的国际产业转移并不能涵盖国际产能合作的所有内容，可以从国际产业转移与国际合作理论两个层面来认识其合理性。因为国际产业转移是企业的自发行为，而国际合作理论则是国家间的整体建构。

本节主要从国际产能合作的微观主体跨国公司国际直接投资、中观层面国际产业转移和宏观层面国家之间的国际合作三个角度出发来归纳国际产能合作的理论基础。

一、国际直接投资理论

国际直接投资在不同阶段呈现出不同的趋势。学者们也给出了相应的理论解释。

（一）垄断优势理论

美国的斯蒂芬·海默在其1960年撰写的博士论文《国内企业的国际化经营：对外直接投资的研究》中，首次提出了垄断优势在企业对外直接投资中的重要作用。相较于东道国本土的企业，跨国公司在投资环境、本土信息、政府支持、运输费用、语言文化等方面相对处于劣势,因而比本土企业承担更大的风险和经营成本。跨国公司是否进行国际直接投资的决定因素在于:市场的不完全性和自身的垄断优势。

1. 市场的不完全性

市场的不完全性主要表现在技术垄断、产品差异化、贸易壁垒等。这种不完全竞争的市场结构导致企业在国际贸易中获取的收益会降低,而通过国际直接投资来参与国际市场反而可能会获得更大的收益。

2. 跨国公司的垄断优势

跨国公司的垄断优势包括资金优势、技术优势、组织管理优势、规模经济优势、获取信息优势等。

海默的垄断优势理论是最早研究跨国公司国际直接投资行为的独立理论。查尔斯·金德尔伯格(1969)对该理论进行了完善。金德尔伯格认为市场的不完全性为跨国公司进行国际直接投资创造了客观条件,但跨国公司是否进行国际直接投资最终取决于自身的垄断优势。这些垄断优势还包括:商标、营销技能、管理技能、专利技术、融资渠道等。

垄断优势理论较好地解释了以美国为代表的发达国家大型跨国公司利用垄断优势,对发展中国家进行国际直接投资的条件和动因。

(二)巴克莱、卡逊内部化理论

1976年,巴克莱和卡逊在其合著的《跨国公司的未来》一书中系统地研究了国际直接投资的市场内部化理论。不完全竞争的市场普遍存在。特别是中间产品市场,如技术知识等的不完全竞争性导致跨国公司中间产品的交易成本上升,依靠市场交易渠道无法实现利润最大化。因而,跨国公司倾向于进行国际直接投资,将中间产品的外部市场内部化,即在跨国公司内部完成中间产品的生产和交易。

1. 市场内部化的决定因素

第一,产业特定因素,如产品性质、外部市场的结构、规模经济等。第二，区域特定因素，包括地理距离、文化差异、社会特点等。第三，国家特定因素，如政治制度、经济制度等。第四，企业特定因素，如企业内部管理能力等。

2. 市场内部化的实现条件

企业在不完全竞争市场中同样追求利润的最大化。只有中间产品的内部交易成本低于外部公开市场的交易成本时，企业才会考虑进行国际直接投资，将外部市场内部化。内部交易成本主要有资源成本、通信成本、管理成本和国家风险成本。

内部化理论是较为流行的一种解释跨国公司国际直接投资行为的理论。它可以用于解释跨国公司在发达国家之间进行国际直接投资的行为。

（三）国际生产折衷理论

国际生产折衷理论是由英国学者邓宁于 1977 年在其论文《贸易、经济活动的区位与我国企业：折衷方法探索》中首次提出的。该理论将垄断优势、内部化和区位优势相结合，认为跨国公司只有同时具备所有权优势、区位优势和内部化优势，才会选择进行国际直接投资。跨国公司国际直接投资的必要条件是所有权优势和内部化优势，而区位优势则是国际直接投资的充分条件。

1. 所有权优势

跨国公司拥有他国企业无法获取的生产要素和技术知识等的所有权优势。这种所有权既包括资产性质的所有权优势，比如生产设备、资金等有形资产和专利、商标、技术开发创新能力等无形资产的所有权优势；也包括交易性所有权优势，指跨国公司在全球范围跨国经营、调配资源、规避风险，从而降低交易成本所获得的优势。

2. 内部化优势

跨国公司具备消除外部市场不完全性带来的负面影响，从而将企业优势保持在企业内部的能力。

3. 区位优势

区位优势是东道国拥有跨国公司母国所不具备的市场环境优势，包括直接区位优势和间接区位优势。直接区位优势指东道国在产品销售市场、投资政策、生产要素成本、当地原材料等方面的有利因素。间接区位优势则表现为由于母国自身的某些不利因素，比如较高的生产要素成本等形成的东道国区位优势。

国际生产折衷理论综合了当时各派理论的观点，较为完整地解释了大型跨国公司国际直接投资的主客观条件，为大型跨国公司的国际投资决策提供了理论依据。

（四）发展中国家企业的国际直接投资理论

随着发展中国家逐渐在国际分工中发挥越来越多的作用，其企业的国际直接投资活动也呈现上升态势。越来越多的学者也开始研究发展中国家企业的国际直接投资行为。

1. 小规模技术理论

1983年，美国学者刘易斯·威尔斯在《第三世界跨国企业》一书中系统地阐述了小规模技术理论。刘易斯·威尔斯分析了发展中国家企业国际直接投资的优势。在国际直接投资中，发展中国家企业相较于发达国家的大型跨国公司优势主要体现在小规模市场的竞争上。发展中国家的企业具有技术优势、要素使用成本优势和产品价格优势。发展中国家的企业进行国际直接投资的影响因素包括出口市场的贸易壁垒、技术优势、地理距离、经济发展水平和文化相似度等。

2. 技术地方化理论

技术地方化理论是由英国经济学家拉奥（1983）基于对印度跨国公司的研究提出的。发展中国家的企业其竞争优势来源于技术知识特性、产品需求特性和小规模生产技术特性等。发展中国家的企业会将技术知识地方化，从而更好地适应当地的生产要素条件，并开发出更具特色的差异化产品。由此，发展中国家的企业形成了新的适合小规模生产条件的技术特性和独特优势。

二、国际产业转移理论

国际产能合作与产业转移有着千丝万缕的联系。全球性的国际产业转移可以追溯至工业革命时期。"二战"之后，各国经济联系日益密切，经济全球化趋势日渐加深。20世纪60年代，国际产业分工和产业转移已经常态化，由此涌现出了一大批对国际产业转移进行研究的学者。

（一）雁行模式理论

日本经济学家赤松要1932年在《我国经济发展的综合原理》中首次提出了"雁行模式"理论。20世纪30年代，赤松要研究日本棉纺工业的发展历史时，发现日本的棉纱和棉纺织品随着经济发展，出现了"进口—国内生产（进口替代）—出口"的雁行形态产业发展模式。赤松要（1962）进一步总结了日本"二战"前产业发展的三个模式：①某一产业的发展是按照"进口—国内生产—出口"雁行模式相继更替发展；②产业结构沿着从一般消费品到资本品或从低附加值产品到高附加值产品的雁行模式不断演进发展；③某一产品的雁行模式会在国家和国家之间传递，工业化的后来者会效仿先行者。

（二）产品生命周期理论

产品生命周期理论是美国学者雷蒙德·费农1966年在《产品投资中的国际投资和国际贸易》一文中提出的，最初是用于解释20世纪50年代美国的贸易盈余以及预测美国企业在20世纪60年代向欧洲投资的模式。产品生命周期理论较为独特地从产品生产周期性变化的角度来解释国际产业转移问题。

产品的生命周期可以分为创新、成熟和标准化三个阶段。国际产业转移是发达国家为了适应产品生命周期的变化而产生的。在产品创新阶段一般不会出现国际产业转移。在产品的成熟阶段，可以考虑通过技术转让和国际直接投资的形式进入次发达国家市场。而在产品的标准化阶段，最好进行国际产业转移，将产品的生产转移到成本相对低廉的发展中国家。

（三）边际产业扩张理论

1978年，日本经济学家小岛清基于国际投资比较优势，将"雁行模式"和"产品生命周期"理论结合，提出了"追赶型产业周期论"，其核心是边际产业扩张。边际产业指的是在本国已经处于或者即将陷入比较劣势，而在别国具有比较优势的产业。本国应当将边际产业的生产转移到国外进行。边际产业的转移是从移出国和别国技术差距最小的产业开始依次进行的。

（四）其他国际产业转移理论

1. 劳动力密集型产业转移理论

1977年，美国经济学家阿瑟·刘易斯在《国际经济秩序的演变》一书中研究了劳动力密集型产业转移的动因。20世纪60年代，发达国家将劳动力密集型产业转移至发展中国家，而后从发展中国家进口劳动力密集型产品。其原因在于：第一，"二战"后，发达国家人口增长率几乎低至零。第二，发达国家的工业在"二战"后飞速增长，低成本、非熟练劳动力紧缺。

2. 重合产业论

卢根鑫（1994）基于马克思主义经济学，提出了重合产业论。这是国内较早研究产业转移问题的理论。重合产业是指技术构成相似，如机器设备、生产线、技术工艺、产品等相似的产业。重合产业的价值构成具有相异性，这导致不同国家重合产业成本存在差别。随着国际贸易和国际投资的发展，重合产业会不断出现和发展。重合产业最终会向具有低成本优势的国家转移。

三、国际合作理论

国际直接投资理论和国际产业转移理论都是基于产品、企业的微观角度和产业的中观角度来分析对外直接投资和产业转移问题。但在国际直接投资和国际产业转移中，可能普遍存在市场不完善的问题，进而引起市场失灵。还有一些项目需要同时进行大规模投资或需要相关上下游投资联动以及配套措施等。此时，单靠市场力量，企业和产业组织的自发行为可能不能很好地进行协调。此时就需要借助国家政府的政策加以引导和扶持。特别是发展中国家，由于市场不完善，在国际直接投资和国际产业转移中，更需要引入国家之间国际合作的助力。

国际合作理论是国际政治学的重要理论，国际产能合作也属于国际合作的一种重要形式。因而这里也对国际合作理论进行简要阐释。20世纪70年代后，国际关系格局发生了重大变化，加之经济全球化浪潮的推动，国际合作也成为时代潮流。现代国际合作理论发源于美国，比较典型的有20世纪70年代的霸权合作论、80年代的制度合作论、90年代的合作文化论等。

（一）霸权合作论

霸权合作论是新现实主义流派在20世纪70年代提出的一种国际合作理论。其代表人物是肯尼斯·华尔兹。在国际关系中，国际体系结构影响国家行为，因而国际合作由国际体系结构决定。国际体系结构中存在一些限制国际合作的因素，比如：①无政府状态和利己动机导致国家担心对收益的分配可能对他国更有利；②一国担心合作可能会导致依附于他国。

但在国际社会中确实存在诸如稳定的汇率、安全、生态环境等"公共物品",因而霸权合作论认为国际社会需要一个起绝对主导作用的霸权国家来为国际社会提供"公共物品"。这样国际合作才能得以实现。

(二)制度合作论

20世纪80年代,新自由制度主义的代表人物罗伯特·基欧汉认为:霸权衰弱或者不存在时,国际制度影响国家行为,成为产生并维持国际合作的关键因素。国际制度是国际体系演进的结果,它在国际社会中广泛存在,并扮演着重要的角色。国际制度可以消除国际合作中可能存在的障碍,如:①合作方协调过程中可能产生的冲突和中断;②达成相互认识的标准模糊或者没有持续性保障机制;③不确定性、信息的不对称性、交易成本高等。

(三)合作文化论

合作文化论是20世纪90年代建构主义提出的基于共有知识或文化的国际合作理论。其代表人物是温特。建构主义认为国际合作是一种文化,可以自我实现。因为合作不仅仅是因为利益得到了实现,更重要的是各方有着对合作规范的忠实和认同感。

上述国际合作理论出发点是基于西方发达国家的制度、文化等因素提出的。当前文化、外交实践以及世界形势发生了重大的变化。发展中国家也在国际合作中起到越来越重要的作用。我国的"一带一路"倡议、"国际产能合作"等实践不仅体现了国际合作的一般规律,也呈现出了新的合作理念和模式,势必会带来国际合作理论在未来进一步的发展。

世界经济形势不断演变，国际贸易格局和国际直接投资布局也发生了深刻的演变，我国先后提出了"一带一路"倡议和国际产能合作的构想。学者们也就如何在"一带一路"背景下合理实施国际产能合作展开了相关研究。研究方向主要集中于以下领域：中国与"一带一路"沿线国家产能合作的产业空间布局、国际产能合作方式的转型升级、金融支持、"一带一路"国家区域贸易协定的发展趋势及中国的应对策等。

一、中国与"一带一路"沿线国家产能合作空间布局

一些研究着眼于我国与"一带一路"沿线特定国家的产能合作。沈铭辉、张中元（2017）分析了中国与印度尼西亚产能合作的可能性，认为我国可以发挥在农业、采矿业、加工业、造船业和信息通讯业等产业领域的优势，构建中国与印度尼西亚乃至整个东南亚地区的国际产能合作价值链。魏敏（2017）探讨了中国与土耳其国际产能合作的现状及风险，认为中土合作的关键点在于增强政治互信、安全合作和贸易结构的互补性。金陈飞等（2018）利用显示性比较优势指数、相似度指数和合作潜力指数，研究了中、欧、非三方在国际产能合作中的比较优势和合作潜力，得出的结论是：三方产能合作的重点领域是纺织业、非金属矿物制品业和废弃资源综合利用业等。郭显龙、陈慧（2019）对澜湄五国的经济发展水平和实际需求进行分析后，认为应该把交通基础设施建设、矿产资源、水电资源、新能源、制造业、生物种植加工等作为国际产能合作的重点产业。费明（2019）探讨了中国与贝宁国际产能合作的方式与区位选择。杨敬肖（2019）通过构建因子分析模型，从宏观、中观、微观三个层面总结了影响辽宁省装备制造业开展国际产能合作的主要因素。

　　而另一些学者则主要探讨影响我国与"一带一路"沿线国家产能合作的空间布局因素。陈衍泰等（2016）基于地理距离、制度距离、经济距离、文化距离等距离视角，考察了我国与"一带一路"沿线35个国家的距离对企业国际产能合作区位选择的影响。梦瑶（2018）借助相对贸易优势指数、修正的显示性比较优势指数以及贸易互补性指数，对中国与"一带一路"沿线国家钢铁国际产能合作的可能性进行分析。结果表明，钢铁国际产能合作同"一带一路"沿线国家钢铁进口额和双方贸易互补性指数呈正相关，同相对贸易优势指数负相关。陈锶（2019）分析了我国中西部地区与"一带一路"国家国际产能合作的动力机制：政府激励机制、人才培养机制、金融融通机制、渠道共享机制。

二、中国与"一带一路"沿线国家产能合作效率

　　陈伟、王妙妙（2018）利用超效率DEA模型和TOBIT模型对中国与"一带一路"沿线国家的国际产能合作效率及影响因素进行分析，结果表明合作效率大多处于无效状态，但总体效率值逐年递增。其影响因素主要是：沿线国家的经济水平、资源禀赋、基础设施和政治稳定度四个因素。陈凯旋（2019）借助DEA效率测算法研究出我国与"一带一路"沿线53个国家的国际产能合作效率处于中高水平，但各区域的效率值各异。影响国际产能合作效率的主要因素包括经济、资源、基础设施以及政治四个因素，且在不同区域对合作效率的影响程度不一。

三、纺织服装国际产能合作

　　在纺织工业"十二五"规划中，纺织业就早已定位为"具有国际竞争优势的产业"。现阶段，中国纺织业在全球产业中的优势地位已经形成，尤其是制造方面的关键优势非常明显。"十四五"期间，纺织业将更加主动积极地开展全球布局。

中国纺织工业联合会国际贸易办公室、中国国际贸易促进委员会纺织行业分会等机构为促进纺织服装行业国际产能合作做出了积极的努力。经国家发展改革委批准，由中国纺织工业联合会牵头的"中国纺织国际产能合作企业联盟"于2017年3月在上海成立。这表明中国纺织业进一步融入国家"一带一路"倡议，中国纺织业发生了从产品出口驱动向出口与国际产能合作并重的重大转折。截至2017年12月1日，联盟成员包括64家企业、23家专业协会及相关单位、6家地方行业协会和产业集群、3家纺织研究设计院、3家媒体杂志以及5家教育及研究机构。联盟旨在服务行业企业更好地"走出去"，致力于桥梁协作、投资促进和信息研究三大服务。

相关学者也就纺织服装业国际产能合作进行了研究。王华等于2019年发布了《中亚国家纺织产业投资环境研究报告》，其中研究了中亚国家纺织产业投资的环境，包括中亚国家天然纺织原料资源、纺织产业结构与布局、丝绸之路经济带与中亚国家之间纺织服装市场、中亚五国外国投资法、中亚国家投资环境、中亚国家纺织服装产业园区建设、中亚五国的外汇管理政策和中国与中亚国家纺织产能合作的机遇与挑战等。刘曼昭、杨晓东、郭燕（2019）基于问卷调查的方式，以俄罗斯、巴基斯坦、哈萨克斯坦及吉尔吉斯斯坦作为产能合作目标国家，构建区位选择评价指标体系，实证分析了新疆棉纺企业产能合作区位选择问题。

[1] Akamatsu K A. A Historic Pattern of Economic Growth in Developing Countries[J]. The Developing Economics, 1962(1): 3-25.

[2] Buckley P J, Casson M. The Future of the Multinational Enterprise [M]. London: Macmillan, 1976.

[3] Dunning J H. Explaining the International Direct Investment Position of Countries: Towards a Dynamic or Developmental Approach [J] Weltwirtschaftliches Archiv, 1981, 117(1): 30-64.

［4］Hymer S H. The International Operation of National Firms: A Study of Direct Foreign Investment [M]. Cambridge: The MIT Press, 1960.

［5］Kindleberger C P. American Business Abroad [J]. The International Executive, 1969, 11(2): 11-12.

［6］Kojima K. Direct Foreign Investment: A Japanese of Multinational Business Operation [M]. London: Croom Helm, 1978.

［7］Lall S. The New Multinationals: The Spread of Third World Enterprises [M]. Hoboken: John Wiley & Sons, 1983.

［8］Vernon R. International Investment and International Trade in Product Cycle [J]. The Quarterly Journal of Economics, 1966, 80(2): 190-207.

［9］阿瑟·刘易斯. 国际经济秩序的演变［M］. 乔伊德, 译. 北京: 商务印书馆, 2017.

［10］安宇宏. 国际产能合作［J］. 宏观经济管理, 2015(10): 83.

［11］陈凯旋. "一带一路"背景下我国国际产能合作效率及其影响因素研究［D］. 济南: 山东大学, 2019.

［12］陈锶. "一带一路"背景下中西部地区国际产能合作动力机制研究［D］. 重庆: 四川外国语大学, 2019.

［13］陈伟, 王妙妙. "一带一路"背景下中国国际产能合作效率及其影响因素研究［J］. 经济论坛, 2018(3): 87-92.

［14］陈衍泰, 范彦成, 李欠强. "一带一路"国家国际产能合作中东道国选址研究——基于国家距离的视角［J］. 浙江工业大学学报: 社会科学版, 2016, 15(3): 241-249.

［15］费明"一带一路"背景下中国与贝宁的国际产能合作［D］. 沈阳: 辽宁大学, 2019.

［16］郭显龙, 陈慧. "一带一路"下中国与澜湄五国国际产能合作研究［J］. 宏观经济管理, 2019(11): 69-74.

［17］金陈飞, 池仁勇, 陈衍泰, 董睿. "一带一路"倡议下的中欧非国际产能合作研究——比较优势和合作潜力［J］. 亚太经济, 2018(2): 11-18.

［18］肯尼斯·华尔兹. 国际政治理论［M］. 信强, 译. 上海: 上海人民出版社, 2003.

［19］刘易斯·威尔斯. 第三世界跨国企业［M］. 叶刚, 杨宇光, 译. 上海: 上海翻译出版公司, 1986.

［20］刘曼昭, 等. 新疆棉纺企业国际产能合作区位选择评价——基于俄罗斯、巴基

斯坦、哈萨克斯坦、吉尔吉斯斯坦的实证分析［J］. 纺织导报, 2019(10): 28-
30.

［21］刘勇，等. 国际产能合作: 规律、趋势与政策［J］. 上海经济研究, 2018(2):
100-107.

［22］罗伯特·基欧汉. 霸权之后——世界政治经济中的合作与纷争［M］. 苏长和,
等译. 上海: 上海人民出版社, 2001.

［23］卢根鑫. 国际产业转移论［M］. 上海: 上海人民出版社, 1994.

［24］聂飞. 中国对外直接投资的产业转移效应研究［M］. 北京: 经济管理出版社,
2019.

［25］孟瑶. "一带一路"背景下中国钢铁业国际产能合作现状和潜力分析［D］. 天津:
天津财经大学, 2018.

［26］沈铭辉，张中元. "一带一路"背景下的国际产能合作——以中国—印尼合作为
例［J］. 国际经济合作, 2017(3): 4-11.

［27］宋秀琚. 美国国际合作理论研究综述［J］. 国外社会科学, 2005(3): 22-28.

［28］魏敏. "一带一路"背景下中国—土耳其国际产能合作的风险及对策［J］. 国际
经济合作, 2017(5): 14-19.

［29］吴涧生，等. 国际产能合作的思路、重点及对策研究［M］. 北京: 经济科学出
版社, 2017.

［30］亚历山大·温特. 国际政治的社会理论［M］. 秦亚青, 译. 上海: 上海人民出版社,
2000.

［31］杨敬肖. "一带一路"背景下辽宁装备制造业国际产能合作影响因素研究［D］.
沈阳: 辽宁大学, 2019.

第二章 纺织服装产业国际产能合作的宏观背景

纺织服装产业国际产能合作是在全球经济、全球对外直接投资和国内政策推动等大背景下实施的。

第一节 全球经济背景

2010年以来，全球经济增长速度放缓。据世界银行网站数据显示，受国际金融危机的影响，2009年全球GDP增长率由2007年的峰值4.319%下降到−1.666%。2010年全球经济增长率差不多回复到2008年国际金融危机前，达到4.31%。但此后一直在2%~3%徘徊。2019年全球经济增长率仅为2.336%。

一、2019年全球对外直接投资状况

受全球经济增长速度放缓的影响，全球对外直接投资流量也呈现出下滑趋势。

1. 全球对外直接投资流量增幅低于过去十年平均水平

受国际金融危机的影响，2009年全球FDI（Foreign Direct Investment，外商直接投资）流量达到最低水平，仅1.2万亿美元。国际金融危机过后，大多数发达国家尤其是新兴经济体经济增长普遍放缓，加之地缘政治冲突和局部地区持续动荡，跨国公司投资信心大幅下降，全球FDI增幅回落明显。

2009～2014年，全球FDI总额年均增速仅7.7%，尤其是2014年出现了高达16.3%的大幅下降。在新兴经济体带动下，2015年全球FDI有所反弹，达到2万亿美元的峰值，但增幅仍明显低于国际金融危机前的水平。

而据联合国贸易与发展会议（UNCTAD）《2020年世界投资报告》数据显示：全球FDI流量在2017年和2018年出现大幅下降后，2019年略有上升，为1.54万亿美元，增长3%。但仍低于过去10年的平均水平，比2015年的2万亿美元峰值低约25%。

2. 全球对外直接投资存量持续增加

从存量来看，受全球资本市场估值上升和2019年跨国公司盈利能力提高的影响，截至2019年底，FDI存量增长11%，达到36万亿美元。而受新冠疫情影响，预计2020年全球FDI将同比急剧下降达40%。但全球FDI流量将保持正增长，现有的FDI存量还将持续增加。

3. 新增对外直接投资主要流向发达国家

从地域分布来看，2019年新增的FDI主要是流向发达国家。流向转型经济体如俄罗斯、乌克兰等的资金也略有增加，而发展中国家的FDI流入则略有下降。

从发达国家来看，尽管面临经济疲软、贸易局势紧张以及英国脱欧等政策的不确定性，但其FDI流入量依然呈现上升态势。2019年发达国家的FDI流入量比2018年上升了5%，达到8000亿美元。这主要归因于流入欧洲的FDI增加。比如，流入爱尔兰的资金从2018年的-280亿美元增至2019年的780亿美元。流入美国的FDI比2018年下降3%，至2460亿美元，但美国仍然是FDI的最大流入国，超过第二位的中国1050亿美元。

自2010年以来，流向发展中国家的FDI相对稳定，平均为6740亿美元，波动幅度远小于流向发达国家的FDI。与2018年相比，2019年发展中国家的FDI流入量为6850亿美元，略微下跌2%。其中，流入亚洲发展中国家的FDI占69%，为4740亿美元，比2018年下降了5%。但亚洲发展中国家目前依然是全球FDI重要的流入地区，占全球FDI的30%以上。其次是流入拉丁美洲和加勒比（不包括金融中心）的FDI，2019年增加了10%，达1640亿美元。这主要得益于该地区的可再生能源领域成为FDI流入的热点。受全球经济增长平缓的影响，大宗商品需求受到抑制，流入非洲的FDI下降10%，至450亿美元。

4. 高收入国家占据对外直接投资流入量的首位

按照经济体收入水平来看，全球FDI流量在不同组别经济体之间存在显著的差异。2019年，流向高收入国家的FDI从2018年的9910亿美元上升了2%，到10110亿美元，占全球FDI流入量的66%。流向中等收入国家FDI上则升了5%，为3750亿美元。低收入国家的FDI流入量同样增加了5%，达到1320亿美元。而最不发达国家是FDI流入量则下降了5.7%，仅为210亿美元。

二、跨国公司对外直接投资概貌

在20世纪90年代和21世纪初，全球经济经历了20年左右的快速增长。20世纪90年代，全球GDP年均增长率为3.8%，FDI年均增长15.3%。跨国公司进行对外直接投资，主要是为了寻求自然资源和国际市场。2000～2009年，全球GDP年均增长率为3.6%，FDI年均增长8%。这一时期的跨国公司对外投资主要是为了降低劳动力等生产成本，借助技术进步的推动，建立了更为复杂的国际生产网络和产业链。加之贸易和投资政策自由化、出口导向型产业政策以及各国政府为了发展经济而大力引进外资的影响，1990～2009年，全球对外直接投资存量增长了10倍。

2010年以后，全球经济增速和FDI增速放缓。2010～2019年，GDP年均增长率为3.1%，FDI年均增长仅为0.8%。联合国贸易与发展会议的《2020年世界投资报告》对跨国公司海外投资停滞的原因进行了探讨。其原因包括：

（1）跨国公司海外业务变得越来越无形，从而对实物资产投资的依赖也越来越低。轻资产的科技型跨国公司比例上升，而传统制造业跨国公司比例则开始下降。

（2）政府政策因素。《2020年世界投资报告》对国家投资政策措施的监测表明，限制性和管制性措施所占的份额逐渐增加。

从2019年跨国公司对外直接投资来看：

（1）2019年发达国家跨国公司的对外直接投资份额上涨，但仍处于较低水平。发达国家的跨国公司是FDI投资的主体，2007年发达国家跨国公司FDI投资达到峰值。2008年国际金融危机之后，受发达国家经济复苏缓慢、社会资金相对缺乏等因素的影响，发达国家跨国公司的FDI开始回落。2019年发达国家跨国公司的FDI较2018年大幅增长72%，攀升至9170亿美元，占全球FDI的份额从2018年的54%上升至2019年的70%。其中的原因在于：①美国跨国公司海外收益大规模汇回开始下降；②发展中国家和转型经济体的FDI流出下降。虽然2019年发达国家跨国公司的FDI有显著回升，但其FDI水平仍处于低位，仅为2007年国际金融危机前的一半左右。从国别来看，日本跨国公司的FDI增长了58%，达到创纪录的2270亿美元。这主要是因为日本跨国公司在欧洲和北美的跨境并购激增。

（2）2019年发展中国家跨国公司的对外直接投资活动下降。2019年，发展中国家跨国公司的FDI为3730亿美元，较2018年下降10%。其中，亚洲发展中国家的FDI流出减少了19%。其中新加坡、马来西亚的FDI流出有所增加。而中国的FDI流出从2017年开始下降，但2019年依旧蝉联全球第二位。拉丁美洲跨国公司的FDI在2019年大幅增加，达到420亿美元。增幅最大的是巴西、墨西哥和智利。特别是巴西的跨国公司，由于国内利率下降，暂停了通过外国子公司募集资金为国内业务融资，从而出现了FDI流出的增加。

第二节 国内宏观政策背景

一、国家战略鼓励对外直接投资

国际金融危机对世界经济造成了深远的影响,世界经济增长速度减缓。全球需求结构出现明显变化,市场、资源、技术、标准等竞争更加激烈,各种形式的保护主义层出不穷。我国致力于经济发展,把握好在全球经济分工中的地位,利用自身优势,创造国际经济合作和竞争的新局面。国家层面先后提出了"走出去"战略、"一带一路"倡议和国际产能和装备制造合作等。

1. "走出去"战略

早在20世纪90年代,我国就提出了"走出去"的战略思想。2000年初"走出去"战略上升到"关系我国发展全局和前途"的国家战略。2001年列入了我国《国民经济和社会发展第十个五年计划纲要》。在21世纪初,政府不断地积极实施"走出去"战略。

国际金融危机之后,我国政府加快了实施"走出去"战略的步伐。2010年《中共中央关于制定国民经济和社会发展第十二个五年规划的建议》提出实施互利共赢的开放战略,与国际社会共享发展机遇。我国对外开放的格局已由吸收外资为主转向进口和出口、吸收外资和对外投资并重。加快实施"走出去"战略,按照市场导向和企业自主决策原则,引导各类所有制企业有序到境外投资合作。

2012年,党的十八大报告指出:为了适应经济全球化的新趋势,必须实行更加积极主动的开放战略,完善互利共赢、多元平衡、安全高效的开放型经济体系。加快走出去步伐,增强企业国际经营能力,培育一批世界水平的跨国公司。

2013年，中共十八届三中全会研究了全面深化改革的重大问题，做出了关键性的决定。其中提出构建开放型经济新体制，推动"引进来"和"走出去"更好结合，促进国际国内要素有序自由流动、资源高效配置和市场深度融合。扩大企业对外投资，确立企业对外投资主体，允许发挥自身优势到境外开展投资合作、承揽工程、劳务合作，进行绿地投资、并购投资、联合投资等。

2. "一带一路"倡议

"丝绸之路经济带"和"21世纪海上丝绸之路"的简称即"一带一路"。"一带一路"倡议是在2013年9月~10月由国家主席习近平提出，旨在发展与"一带一路"沿线国家的经济合作伙伴关系，共同打造政治互信、经济融合、文化包容的利益共同体、命运共同体和责任共同体。

2015年3月28日，国家发展改革委、外交部、商务部联合发布了《推动共建丝绸之路经济带和21世纪海上丝绸之路的愿景与行动》。该文件详细地阐释了"一带一路"倡议的时代背景、共建原则、框架思路、合作重点、合作机制、中国各地方开放态势以及中国的积极行动，并表达了中国愿与沿线国家共创美好未来的愿望。

3. 国际产能和装备制造合作

2015年5月，为进一步提升开放型经济发展水平，更好地实施"一带一路"倡议，我国发布了《国务院关于推进国际产能和装备制造合作的指导意见》。此后，我国持续地在国家政策层面鼓励产业、企业扩大对外投资，推动高水平、高质量地"走出去"，共建"一带一路"以及国际产能和装备制造合作。

2015年10月，《中共中央关于制定国民经济和社会发展第十三个五年规划的建议》中要求增强对外投资和扩大出口相结合，培育以技术、标准、品牌、质量、服务为核心的对外经济新优势。推进国际产能和装备制造合作，营造资本和技术密集型产业新优势，提高我国产业在全球价值链中的地位。对外贸易优化升级，向优质优价、优进优出转变，壮大装备制造等新的出口主导产业。支持企业扩大对外投资，推动装备、技术、标准、服务走出去，深度融入全球产业链、价值链、物流链，建设一批大宗商品境外生产基地，培育跨国企业。

同时，"十三五"规划还提出推进"一带一路"建设，推进同有关国家和地区多领域互利共赢的务实合作，打造陆海内外联动、东西双向开放的全面开放新格局。推进基础设施互联互通和国际大通道建设，共同建设国际经济合作走廊。加强能源资源合作，提高就地加工转化率。共建境外产业集聚区，推动建立当地产业体系，广泛开展教育、科技、文化、旅游、卫生、环保等领域合作。

2020年，《中共中央关于制定国民经济和社会发展第十四个五年规划和二〇三五年远景目标的建议》提出实行高水平对外开放，开拓合作共赢新局面。高水平对外开放体现在：高水平"走出去"、共建"一带一路"高质量发展。构筑互利共赢的产业链、供应链合作体系，深化国际产能合作，扩大双向贸易和投资。坚持以企业为主体，以市场为导向，遵循国际惯例和债务可持续原则，健全多元化投融资体系。

二、国家鼓励对外直接投资的相关配套措施

为了推动"走出去"战略、"一带一路"倡议及国际产能和装备制造合作，国家出台了一系列配套措施。

1."一带一路"倡议下国家间的多元合作

共建"一带一路"倡议提出以来，中国根据有关国家发展需要，以深化政策沟通、加快设施联通、推动贸易畅通、促进资金融通、增进民心相通为主要内容，与相关国家和国际组织进行广泛的合作。推进"一带一路"建设工作领导小组办公室发布的《共建"一带一路"倡议进展、贡献与展望2019》相关数据显示：截至2019年3月底，中国政府已与125个国家和29

个国际组织签署173份合作文件。共建"一带一路"国家已由亚欧延伸至非洲、拉美、南太等区域。

在政策沟通方面，我国与相关国家在数字化、标准化、税收协定、知识产权、法治、农业等多领域开展了合作。截至2019年初，我国已与16个国家签署加强数字丝绸之路建设合作文件，与49个国家和地区签署85份标准化合作协议。与我国签订税收协定合作的国家和地区达111个。我国还与沿线49个国家建立了知识产权合作、18个国家进行能源合作。在法治合作方面，我国推动建立了国际商事法庭和"一站式"国际商事纠纷多元化解决机制。农业合作和海上合作也在不断推进中。我国与更多国家签署的双边投资协定、司法协助协定、互免或简化签证手续等将有助于构建企业海外利益保护体系、风险防范体制。

设施联通方面，新亚欧大陆桥、中蒙俄、中国—中亚—西亚、中国—中南半岛、中巴和孟中印缅六大国际经济合作走廊的建立加强了区域合作。铁路、公路、航运、航空、管道、空间综合信息网络等基础设施逐步建成，有效地促进了跨区域的资源有序流动，降低了交易成本。

贸易畅通方面，贸易与投资自由化便利化不断加深。海关检验检疫合作、农产品快速通关"绿色通道"、进一步放宽外资准入领域、降低关税水平等措施促进了我国与沿线国家的自由贸易区网络体系的建立。国际多边金融机构和各商业银行创新的投融资模式和多样化的融资渠道，为"一带一路"资金融通提供了重要支撑。多边金融合作的推进使得相关各国支持金融资源服务于基础设施互联互通、贸易投资、产能合作等领域。中国与沿线国家开展的公共外交、文化交流、教育培训、旅游合作、卫生健康合作、救灾援助与扶贫，加强了民心相通。

2. 跨境贸易投资便利化

2015年，《中共中央关于制定国民经济和社会发展第十三个五年规划的建议》提出要将外汇管理和使用方式，从正面清单转变为负面清单。放宽境外投资汇兑限制、企业和个人外汇管理要求和跨国公司资金境外运作限制。同时进一步推进资本市场双向开放，逐步取消境内外投资额度限制。

2019年10月，国家外汇管理局颁发了《国家外汇管理局关于进一步促进跨境贸易投资便利化的通知》，主要措施包括：①进一步扩大货物贸易外汇收支便利化试点地区，优化货物贸易外汇收支单证审核、取消特殊退汇业务登记、简化进口付汇核验等试点业务，同时实施服务贸易外汇收支便利化试点；②扩大资本项目收入支付便利化试点，试点地区符合条件的企业在将资本金、外债和境外上市等资本项下收入用于境内支付时，可无需事前向银行逐笔提供真实性证明材料；③取消资本项目外汇账户开户数量限制；④优化货物贸易外汇业务报告方式，可通过货物贸易外汇监测系统（企业端）实现网上办理；⑤允许承包工程企业境外资金集中管理。上述优化外汇管理政策措施，进一步促进了跨境贸易投资的便利化。

同年12月，中国人民银行营业管理部发布了《北京地区对外承包工程类优质诚信企业跨境人民币结算业务便利化方案》。该方案中提及的一系列便利化措施，有助于"走出去"的企业在跨境贸易和结算中扩大人民币的跨境使用，从而节约汇兑成本、规避汇率风险、简化结算手续、加快资金周转。

2020年，国家外汇管理局先后推出外汇政策绿色通道、上调跨境融资宏观审慎调节系数、扩大外债便利化试点。同年4月，国家外汇管理局又发布了《国家外汇管理局关于优化外汇管理 支持涉外业务发展的通知》。内容涉及：①在全国推广资本项目收入支付便利化改革；②取消特殊退汇业务登记；③简化部分资本项目业务登记管理；④放宽具有出口背景的国内外汇贷款购汇偿还；⑤便利外汇业务使用电子单证；⑥优化银行跨境电商外汇结算等。

3. 人民币国际化

2015年之后，人民币国际化步伐进一步加快，助力我国对外直接投资。

货币国际化其实是货币职能从国内延伸至境外，直至最终在国际货币体系中占据重要地位。货币国际化表现取决于计价功能、支付功能、投融资功能、储备货币功能等在国际市场中的表现。截至2019年底，人民币在国际支付货币中位居第五，占据1.76%的市场份额。全球已有70多个央行或货币当局将人民币纳入外汇储备。人民币在各国储备资产的币种构成中占据1.95%的份额，同样排名第五。

根据中国人民银行发布的《2020年人民币国际化报告》，2015～2019年，共发生了147项大事件，其中仅2015年就有41项重要举措。这些大事件主要可以分成以下几类❶：

（1）双边货币合作持续深化，境外人民币使用障碍不断消除，表现在：签订或续签双边本币互换协议、建立人民币清算合作备忘录以及成为人民币合格境外机构投资者（RQFII）试点地区。相关国家、地区和机构涉及阿联酋、泰国、新加坡、摩洛哥、美国、塞尔维亚、俄罗斯、匈牙利、埃及、新西兰、蒙古、阿根廷、瑞士、卡塔尔、加拿大、澳大利亚、南非、尼日利亚、日本、白俄罗斯、巴基斯坦、智利、哈萨克斯坦、马来西亚、英国、印度尼西亚、菲律宾、乌克兰、苏里南、土耳其、荷兰、中国澳门、中国香港、欧洲中央银行34个。

（2）接受韩国、波兰等外国政府在中国银行间债券市场发行人民币主权债券。

（3）人民币海外清算机构的授权及签署或续签协议。2015年起，包括中国建设银行苏黎世分行、中国银行纽约分行、中国工商银行（莫斯科）股份有限公司、中国农业银行迪拜分行、中国银行澳门分行、中国银行台北分行、美国摩根大通银行、中国银行东京分行、日本三菱日联银行等在内的机构都获取了当地人民币业务清算行的资格。

---

❶ 信息来源：2015～2019年中国人民银行发布的《人民币国际化报告》。

（4）银行间外汇市场人民币对外币交易方式转变，涉及的货币有南非兰特、韩元、沙特里亚尔、阿联酋迪拉姆、加拿大元、土耳其里拉、波兰兹罗提、丹麦克朗、匈牙利福林、挪威克朗、冰岛克朗、蒙古图格里克、柬埔寨瑞尔、坚戈14种。

（5）人民币国际化基础设施不断完善，中国金融市场对外开放不断推进。表现在：人民币跨境支付系统（CIPS）参与银行不断增加，二期全面投产；人民币计价原油期货挂牌交易；人民币计价铁矿石期货、精对苯二甲酸期货引入境外交易者；"沪股通""深股通"每日额度扩大；A股纳入明晟（MSCI）新兴市场指数和全球基准指数；A股在美国摩根士丹利国际资本全球指数中的权重提升；中国债券纳入彭博巴克莱债券指数等。

（6）中国人民银行出台政策不断优化、便利人民币使用和交易。这些涉及境外机构的政策有：境外机构人民币银行结算账户资金使用、境外机构投资者投资银行间债券市场、境外机构境内发行人民币债券跨境人民币结算、境外银行参与银行间外汇市场区域交易、人民币合格境外机构投资者境内证券投资管理、全国银行间债券市场境外机构债券发行、国家外汇管理局取消合格境外机构投资和人民币合格境外投资者投资额度限制等。这些政策也涉及人民币跨境业务政策优化，比如跨境融资宏观审慎管理、人民币跨境首付信息管理系统、人民币跨境业务促进投资便利化、跨境资金流动管理、证券投资项下跨境人民币购售业务、澳门个人人民币跨境汇款业务等。其他的还包括内地与香港股票市场互联互通机制、境内企业境外放款业务、人民币合格境内机构投资者境外证券投资等。

从对外直接投资角度来看，人民币国际化中人民币的跨境结算为我国企业对外直接投资提供了很大的便利，也节约了汇兑成本。境内机构可以使用人民币进行对外直接投资始于2011年1月。2014年，直接投资跨境人民币结算业务办理流程进一步简化。对外直接投资人民币跨境结算从无到有，在直接投资跨境收付中的份额不断扩大。2015年，对外直接投资中人民币收付金额由2011年的265.9亿元快速上升到7361.7亿元，同比增长228.1%。2016年，对外直接投资人民币收付金额更是突破万亿元大关，达1.06万亿元的峰值。2017年，对外直接投资人民币跨境收付金额大幅下降至4568.8亿元。2018年，对外直接投资人民币跨境收付金额又出现了大幅回升态势，达8048亿元。截至2019年，对外直接投资人民币跨境收付金额7555亿元，保持在一个相对稳定的水平。

另外，自"一带一路"倡议提出以来，我国与"一带一路"沿线国家的双边货币合作、投融资渠道畅通等取得了较大的发展。

（1）人民币在"一带一路"沿线国家的使用方面。2019年，我国与沿线国家办理人民币跨境收付金额达到2.73万亿元，比2017年翻了一倍多。其中直接投资收付金额2524亿元，几乎也是2017年的一倍。

（2）我国与沿线国家的双边货币合作也取得了较大进展。截至2019年底，我国已经与21个沿线国家签署了本币互换协议，在8个沿线国家建立了人民币清算机制安排。6个沿线国家获人民币合格境外机构投资者（RQFII）试点。人民币已与9个沿线国家货币实现直接交易、与3个沿线国家货币实现区域交易。

一、我国对外直接投资整体概况

自2003年我国建立对外直接投资统计制度以来，我国对外投资流量大致经历了三个发展阶段。第一个阶段是2002～2008年。我国对外直接投资的流量从2002年的仅27亿美元，排名全球26位，上升至2008年国际金融危机期间的559.1亿美元，排名全球12位。其中2004年、2005年和2008年我国对外直接投资均比上一年同比增长差不多一倍。第二个阶段是2009～2016年。我国对外投资流量逐步上升至千亿美元以上，并在2016年达到1961.5亿美元的峰值。全球排名也稳步上升至第二位。第三个阶段是2017年至今，我国的对外直接投资开始缓慢下降，但依然维持全球第二位的水平，仅次于日本。从双向投资流量来看，2015～2018年，我国对外直接投资流量超过实际使用的外资数量，成为资本净输出国。

2019年，我国对外直接投资流量同比下降4.3%，达到1369.1亿美元，占全球当年流量的10.4%。截至2019年末，我国对外直接投资累计存量达21988.8亿美元，占全球存量的6.4%。从投资类型的构成来看，当期收益再投资份额最大，占44.3%；其次是新增股权投资，占35.3%；最后是债务工具投资，为20.4%。

二、我国企业的对外直接投资

截至2019年底，我国进行对外直接的境内投资者共2.75万家，累计在全球188个国家或地区，共设立对外直接投资企业4.4万家。这里的对外直接投资企业指的是境内投资者拥有或者控制10%及以上股权、投票权或其他等价利益的境外企业。2019年末境外企业资产总额达7.2万亿美元。境外企业从业员工达到374.4万人，其中外方员工占60.5%。2019年，境外企业向投资所在国家或地区缴纳税款560亿美元。

1. 对外并购

2004~2016年，我国企业对外并购金额大致呈现出上升态势。2004年企业对外并购金额仅30亿美元，2016年并购金额飙升至1353.3亿美元的峰值。但并购金额中，来自境内投资者自有资金或境内银行贷款的直接投资金额，占当年对外直接流量的比重呈现下降趋势。

2019年，中国企业海外并购总额为342.8亿美元，其中50.2%为直接投资。并购项目共467起，区域涉及芬兰、德国、英属维京群岛等68个国家和地区。并购行业主要集中于三大行业：①制造业；②信息传输、软件和信息技术服务业；③电力、热力、燃气及水的生产和供应业。这三大行业占据并购总额的76.1%。

2. 企业对外直接投资行业构成

2019年，我国企业对外直接投资行业覆盖18个行业。其中租赁和商务服务业投资金额418.8亿美元，位列第一。其次是制造业202.4亿美元，其中包括汽车制造业、化学纤维制造业和有色金属冶炼和压延加工业等。第三是金融业，对外直接投资金额199.5亿美元。

3. 企业对外直接投资地域分布

2019年，中国企业对外直接投资主要流向亚洲，占80.9%。其次是欧洲，占7.7%，金额为105.2亿美元。从同比增减幅度来看，对欧洲的投资同比增长最快，为59.6%；而对拉丁美洲、北美洲和非洲的投资呈现出较大的下降，幅度均为50%左右。从具体的国家和地区来看，2019年，中国内地企业对外直接投资最多的地区是中国香港，流量为905.5亿美元，占对外投资总额的66.1%。其次是英属维京群岛和新加坡，占9.8%。

4. 企业性质

2019年，境内企业对外投资的主体为地方企业，其中东部地区的地方企业占投资流量的79.7%。东部地区包括北京、天津、河北、上海、江苏、浙江、福建、山东、广东和海南。从登记注册类型来看，截至2019年末，境内企业中超过三分之一是有限责任公司，数量超过1万家。其次是私营企业和股份有限公司，二者数量总和略超过有限责任公司。

三、我国企业对"一带一路"沿线国家的投资概况

从2013年起，我国对"一带一路"沿线国家的投资总体呈现上升趋势。2013年我国对"一带一路"沿线国家的投资为126.3亿美元，2019年上升至186.9亿美元。2019年，从行业构成来看，主要流向制造业、批发和零售业以及建筑业。2013～2019年，我国企业对"一带一路"沿线国家的投资累计超过千亿美元，分布在63个国家，设立境外企业1.1万家，覆盖18个行业。

另外，从并购的角度来看，2019年，中国企业对"一带一路"沿线国家实施的并购占据并购总额的8.6%。其中并购项目91起，金额29.4亿美元，主要集中在新加坡、科威特、马来西亚等国家。

[1] UNCTAD. World Investment Report 2020 [R].

[2] 推进"一带一路"建设工作领导小组办公室. 共建"一带一路"倡议：进展、贡献与展望 [R]. 2019.

[3] 吴润生，等. 国际产能合作的思路、重点及对策研究 [M]. 北京：经济科学出版社，2017.

[4] 中华人民共和国商务部、国家统计局、国家外汇管理局. 2019年度中国对外直接投资统计公报 [R].

第三章　纺织服装产业国际产能合作的行业背景

第一节　纺织服装产业已具备跨国布局的产业优势

一、中国纺织工业发展历程

从1949年11月1日中央人民政府纺织工业部正式成立开始，中国纺织工业已经走过了70余载的春秋。在这70多年中，中国纺织工业作为关系民生的重要支柱产业取得了非常辉煌的成就，从基础薄弱走向了世界第一，不仅满足了国内的需求也向世界源源不断地输出，成为全球纺织工业的核心力量。从1949年至今，中国纺织工业共经历了6段非常重要的发展阶段（图3-1）。

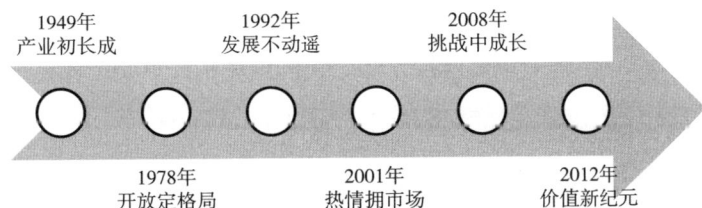

图3-1　中国纺织工业的重要发展阶段

图片来源：孙瑞哲. 不忘初心 牢记使命 深入推进纺织行业高质量发展
[M] // 中国纺织工业联合会. 2019/2020中国纺织工业发展报告. 北京：中国纺织出版社有限公司，2020：106-113.

1. 产业初长成（1949～1978年）

中华人民共和国成立初期，国内物资匮乏，产业基础薄弱，人民生活贫困。1949年，全国有500万棉纺锭的规模，产量为棉纱180万件（32.4万吨），棉布18.9亿米，呢绒544万米，丝绸0.5亿米。由于开工严重不足，各项指标都低于历史最高数值。❶

　　党和国家高度重视纺织工业的发展，进行了统一的规划。纺织工业作为民生产业是新中国成立后中央人民政府第一批设立的五个工业部之一，足可见其重要性。1950年开始自主发展纺织机械工业，1952年开始兴建棉纺织厂，1956年开始大力发展麻纺织、印染行业，1960年开始发展化学纤维生产，1949～1978年近30年间，我国通过努力，基本建成了比较完整的纺织工业体系，包含棉纺织、毛纺织、麻纺织、丝织品、印染、针织、化学纤维、纺织机械等行业。

　　1958年第一个五年计划期间，我国共建设棉纺织厂68个，总规模240万锭、棉织机6.1万台，5个印染厂。建成了北京、石家庄、邯郸、郑州、西安五个棉纺织新基地。1971年，中国棉纱产量1131万件（203.6万吨），棉布产量91.5亿米，已经位居世界第一。到了1978年，棉纱产量达到了238万吨，是1949年的7倍多；棉布产量110亿米，是1949年的近6倍；丝织品6.11亿米、呢绒8885万米；化学纤维更是从无到有，达到28.5万吨。

　　这一时期的发展解决了中华人民共和国成立初期物资匮乏的困境，也为今后中国纺织工业的发展奠定了基础。

2. 开放定格局（1978～1992年）

　　1978年，中共十一届三中全会确定了改革开放的发展方向，中国也开启了对外开放的大门。中国由计划经济向中国特色社会主义市场经济转型，

---

❶ 中国纺织经济研究中心. 70年变化天翻地覆，70件大事见辉煌——纪念新中国成立70周年，记录纺织工业70年发展［M］//中国纺织工业联合会. 2019/2020中国纺织工业发展报告. 北京：中国纺织出版社有限公司，2020：128-134.

逐步解放了社会生产力。1980年，国家决定对纺织工业实行六个优先的原则，从原材料、生产保障、金融贷款以及技术引进等方面为纺织工业的发展提供了保障。1983年，"布票"的取消彻底结束了棉布的限量供应，从1984年开始我国纺织工业以面向市场的终端产品为重点来调整产品结构。1986年，国务院将服装行业统一划归纺织工业部管理，完善了我国的纺织体系，形成了"大纺织"的格局。

在满足了国内需求的基础上，我国纺织产业开始面向全球市场。这一时期，世界著名的时装设计师、服装品牌开始来到中国举办表演，中国也积极主办纺机、服饰博览会，大力引进国外技术。

1985年，青岛纺织品联合进出口公司的经验得到了肯定，打开了我国纺织企业自营出口的大门。纺织行业充分发挥我国劳动力资源的优势，积极探索"三来一补"的贸易形式大力发展出口贸易，纺织服装成为我国出口创汇的主要来源。1978年开始我国纺织服装出口占全国总出口的四分之一，到了1990年前后占比达到近30%，在1990年扭转了我国货物贸易逆差的局面。根据WTO数据显示，1980～1992年，我国纺织服装出口由41.65亿美元增加至252.87亿美元，增长了6倍；纺织服装出口占世界比重由1980年的4.4%升至10.1%。

这一时期，改革开放给中国纺织工业带来了创新的力量，中国纺织工业完成了非常重要的战略调整。

3. 发展不动摇（1992～2001年）

这一时期，随着改革开放的深化，经济体制改革的深入，纺织服装产业的市场化程度不断加深。1992年开始，国有纺织企业出现了全行业亏损，截至1996年，亏损额达到106亿元，国有企业改革进入了攻坚阶段。1998年，国务院明确提出了纺织工业压锭调整的任务目标和政策措施，力争3年内压缩落后棉纺锭1000万锭，分流下岗职工120万人，2000年实现扭亏为盈。这一目标在1999年底基本实现，形成了"国退民进"的发展格局。

市场化程度的加深、宽松的经济政策以及稳定的市场环境使这一时期民营经济得到了蓬勃发展，民营纺织企业大量涌现，使纺织服装产业充满了活力，产业集群和专业市场也开始出现。中国纺织服装产业得到了进一步的发展。根据WTO数据统计，在1994年我国纺织服装出口额达到355.5亿美元，占全国出口的29.4%，占全球纺织服装出口13%，成为世界纺织服装出口第一大国。

4. 热情拥市场（2001~2008年）

2001年，中国加入了WTO，融入了经济全球化的浪潮中，也为中国纺织服装产业深度融入全球价值链及竞争力的提升提供了机遇。2001年中国加入WTO时正值纺织品服装贸易配额逐步取消的第三阶段，释放了一定的出口。2000年，中国纺织品出口161.4亿美元、占全球比重10.3%，成衣出口360.7亿美元、占全球比重18.2%；2004年，中国纺织品出口达到334.3亿美元、占全球比重18.2%，成衣出口618.6亿美元、占全球比重23.9%。

2005年，全球纺织品配额全面取消使中国纺织服装产业的发展进入了黄金时期。2001~2008年，我国纺织服装产业从产业规模、产业结构、贸易额、市场份额、世界价值链中的影响力等方面都取得了重大的突破，进一步巩固了中国全球纺织服装出口第一大国的地位。2008年，中国纺织品出口达到652.6亿美元、占世界比重26.1%，成衣出口1199.8亿美元、占世界比重33.2%。中国纺织纤维产量也由2000年的1178.6万吨增至3159.2万吨，占全球纺织纤维总量的比重由21.7%增至44.5%。化学纤维的产量由2000年的694.2万吨增至2441.8万吨，占全球化学纤维比重由20.5%增至53.6%。

在这一时期，纺织产业集群得到了进一步的发展，在全国范围内形成了更为专业化的分工，提高了效率。电子商务也因互联网技术的发展和普及以及2003年"非典"疫情的影响而得到了一定的发展，在纺织产业供应链中开始发挥积极作用。

5. 挑战中成长（2008~2012年）

2008年，席卷全球的金融危机使全球经济增速放缓，甚至一些地区出现了衰退，国际需求萎缩。在这一背景下，国际纺织服装的需求也出现了萎缩。全球纺织品出口额由2008年的6181.7亿美元降低至2009年的5266.7亿美元，减少了14.8%。而我国纺织服装出口则由2008年的1857.6亿美元降低至2009年的1670.8亿美元，减少了10.1%。同时，人民币升值、劳动力成本的上升、原材料价格的上涨都大幅度压缩了纺织服装出口的利润。我国纺织服装产业面临了巨大的挑战。互联网经济的发展、居民网络购物习惯的形成都在很大程度上冲击了纺织服装行业，如何平衡线上与线下也成了这个时期企业的所面临的重要挑战。

2009年，国务院公布《纺织工业调整和振兴规划》，后续出台了一系列对纺织服装产业的扶持政策，4次连续提高纺织服装的出口退税率。在政策的扶持下，我国纺织服装出口很快稳住并迅速得到了恢复，在2010年实现了2067.4亿美元的出口，较2009年提高了23.7%。在这一时期，纺织服装产业也积极调整产业产品结构，产业向西部进行转移。同时，企业也积极调整互联网战略，实现了行业的稳步前进，巩固了纺织大国的地位。

6. 价值新纪元（2012年至今）

国际金融危机的阴霾久久未能散去，国际经济一直未能真正走出2008年的金融危机的影响，世界经济充满了不确定性。同时，国内经济进入了"新常态"，由高速发展转向了高质量发展。我国纺织服装产业也进入了产业调整的重要阶段。

2012年，中国纺织工业联合会发布了中国纺织工业首个十年中长期发展规划纲要《建设纺织强国纲要（2011~2020年）》，明确了纺织强国的发展目标，明确了科学进步、品牌建设、可持续发展和人才队伍建设的发展方向。2013年，中国纺织产业实施"走出去"战略交流大会召开，深度探讨了中国纺织业全球布局如何开展。同年，我国"一带一路"倡议的提出也为纺织服装产业"走出去"奠定了政策基础，为我国纺织服装产业开展国际产能合作提供了政策保障。

这一时期，纺织服装产业和互联网深度融合，线上渠道发展迅速，成为国内电商的主要消费品，也成为跨境电商的主力出口商品。随着中国制造2025战略的实施，纺织产业也向智能制造的方向发展。

2018年，我国纤维加工量到达5460万吨，占全球纤维加工量的51.3%，不仅满足了国内的消费需求，也满足了全世界近三分之一的纤维需求。这一时期我国纺织工业不断发展，建立起完善的现代纺织产业制造体系，产品丰富，质量优良。2019年，中国纺织工业联合会第四届第六次常务理事大会指出，除了个别指标落后于世界水平外，绝大多数指标已经达到甚至超过领先于世界水平，纺织强国的目标已经基本实现。

二、中国纺织工业具有强大的产业优势

世界纺织产业从英国起源，之后向美国转移，再从美国转移至日本、韩国，第四次从日本等国家转移至中国、印度等发展中国家。从目前来看，我国已经承接了世界纺织产业的产业转移，经历了70多年的发展，我国纺织服装产业已经具备了非常强大的产业优势，发展成为纺织强国。

首先，从纤维产量上来看，我国在世界纤维生产中具有绝对优势。纤维主要包含天然纤维和化学纤维，天然纤维主要是指棉、麻、丝、毛等沿用千年的传统纤维，化学纤维主要是指用天然高分子化合物或人工合成的高分子化合物为原料制成的纤维。由于天然纤维产能的局限，化学纤维作为纺织服装的主要原料占据全球纤维产量的比重越来越高。如图3-2，在世界纤维产量中，化学纤维的产量逐年增加，占全球纤维产量的比重也逐步增加，从60%左右上升至70%左右。

图3-3为中国化学纤维的生产量及其占世界化学纤维生产量的比重，从

图中可以看出，我国化学纤维生产能力逐步提升，特别是加入WTO之后快速发展，2000年中国化学纤维产量占世界化学纤维生产量的比重为20%，2013年提出纺织服装产业"走出去"时已经增加至60%以上，2017年更是达到67.6%，2018年略降至66.5%。

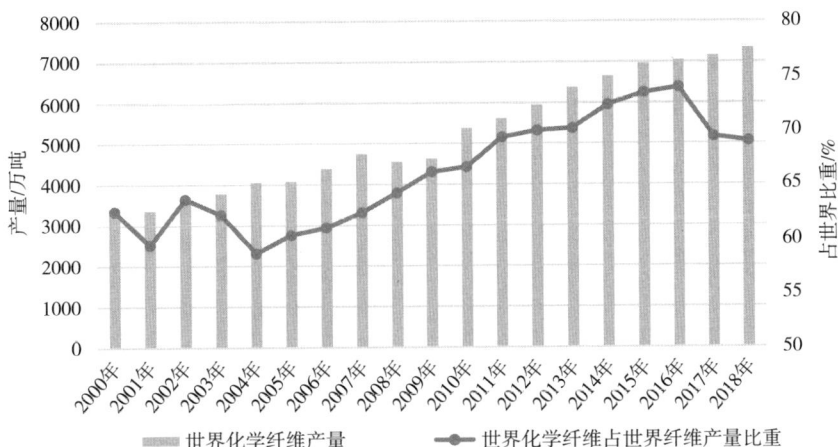

图3-2 世界化学纤维产量及占世界化学纤维产量的比重

资料来源：笔者依据历年《中国纺织工业发展报告》披露数据制成

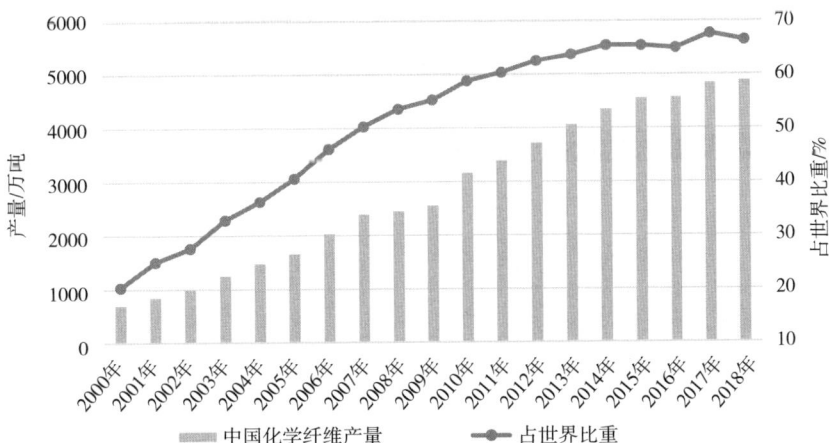

图3-3 中国化学纤维生产量及占世界化学纤维产量的比重

资料来源：笔者依据历年《中国纺织工业发展报告》披露数据制成

目前，中国纺织服装产业拥有规模以上企业超过3.8万家，在2010年一度超过了5.5万家。规模以上企业的主营业务收入如图3-4所示。从图中可以看出，在2001年加入WTO之后，我国纺织工业规模以上企业的主营业务收入增加迅速，在2003年突破了万亿元。在2008年增速有所放缓，但是2010年开始快速增加，到2015年已经达到7万亿元的水平，而提出纺织服装产业"走出去"正是在2013年开始的，可见在实施"走出去"战略的时候，纺织服装产业的规模巨大。

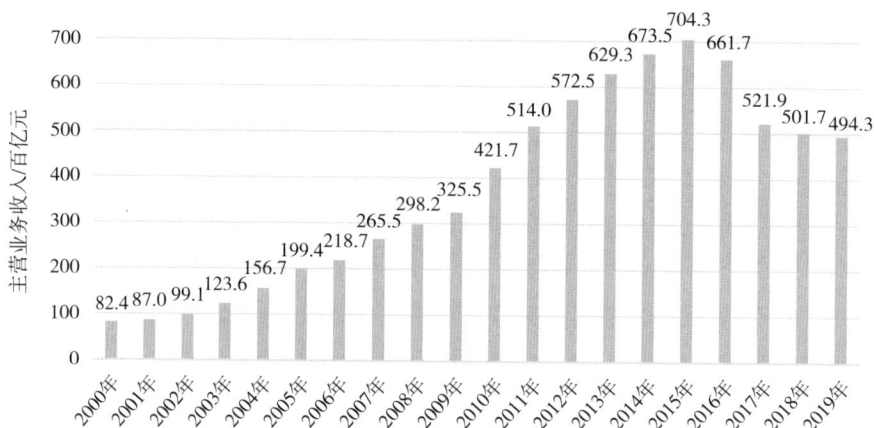

图3-4　中国纺织工业规模以上企业主营业务收入

资料来源：笔者依据历年《中国纺织工业发展报告》披露数据制成●

中国纺织服装产业的飞速发展也带来了其在国际市场上的竞争力的增强。表3-1为世界及中国纺织品、成衣出口额及中国占比。可以看出，2000~2008年中国纺织品和成衣出口持续保持快速增长，在2009年受到全球金融危机的影响出现短暂负增长，在2010年再次恢复正增长，在2014年达到顶峰后进入相对稳定的状态。

● 依据历年披露的去年累计统计制成，其中2000~2004年为产品销售收入，2005~2018年为主营业务收入，2019年为营业收入。

根据表3-1制成的图3-5，可更为直观地看出中国纺织品、成衣出口额及合计出口额占世界出口额比重的变化。从WTO披露的贸易数据可以看出，中国纺织服装出口额从2000年占世界纺织服装出口额的14.7%增加至2019年的33.9%，在2013年达到37.6%。2013年前，我国纺织品、成衣以及合计出口占比均为持续增长，2013年后纺织品出口占比依旧保持总体增长趋势，而成衣出口占比呈现整体下降趋势，这也是纺织品服装整体出口占比下降的原因。主要是由于纺织服装产业向东南亚等地区的国家转移，其出口比例增加导致我国成衣出口受到影响。但是我国纺织品出口依旧占据全球纺织品出口的近40%、成衣出口占据全球的30%，稳定处于世界第一的位置，在欧盟、美国、日本三大市场中的份额也维持明显优势。从2000～2019年，纺织服装出口顺差不断扩大，从2000年的381.9亿美元增加至2019年的2464.7亿美元，累计近3.4万亿美元。

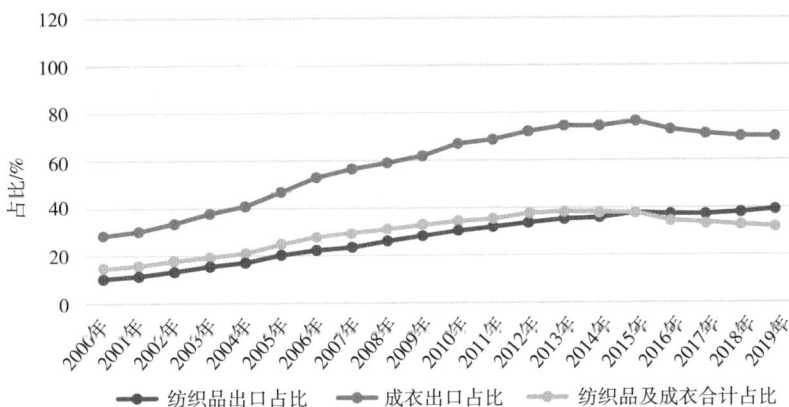

图3-5　中国纺织品、成衣及合计出口额占世界出口额比重变化

资料来源：笔者依据WTO数据库资料整理制成

从贸易竞争力指数来看，我国纺织品出口竞争力指数持续攀升，成衣出口竞争力指数一直稳居高位，纺织服装整体出口竞争力指数达到80%以上，显示出我国纺织服装贸易竞争力优势比较明显（表3-2）。

表3-1　世界及中国纺织品、成衣出口额及中国占比

年份	纺织品出口			成衣出口			纺织品及成衣合计		
	世界（亿美元）	中国（亿美元）	中国占比（%）	世界（亿美元）	中国（亿美元）	中国占比（%）	世界（亿美元）	中国（亿美元）	中国占比（%）
2000	1562.6	161.4	10.3	1977.2	360.7	18.2	3539.8	522.1	14.7
2001	1481.4	168.3	11.4	1943.6	366.5	18.9	3425.0	534.8	15.6
2002	1543.9	205.6	13.3	2037.3	413.0	20.3	3581.2	618.6	17.3
2003	1730.7	269.0	15.5	2332.8	520.6	22.3	4063.5	789.6	19.4
2004	1950.3	334.3	17.1	2604.4	618.6	23.8	4554.7	952.9	20.9
2005	2031.1	410.5	20.2	2784.7	741.6	26.6	4815.8	1152.1	23.9
2006	2192.0	486.8	22.2	3108.8	953.8	30.7	5300.8	1440.6	27.2
2007	2399.4	560.3	23.4	3490.6	1155.2	33.1	5890.0	1715.5	29.1
2008	2512.7	653.7	26.0	3650.9	1204.1	33.0	6163.6	1857.8	30.1
2009	2121.6	598.2	28.2	3182.1	1072.6	33.7	5303.7	1670.8	31.5

续表

年份	纺织品出口			成衣出口			纺织品及成衣合计		
	世界（亿美元）	中国（亿美元）	中国占比（%）	世界（亿美元）	中国（亿美元）	中国占比（%）	世界（亿美元）	中国（亿美元）	中国占比（%）
2010	2528.4	768.7	30.4	3548.2	1298.2	36.6	6076.6	2066.9	34.0
2011	2951.5	944.1	32.0	4194.3	1537.7	36.7	7145.8	2481.8	34.7
2012	2828.2	954.5	33.7	4157.9	1596.1	38.4	6986.1	2550.6	36.5
2013	3024.2	1065.8	35.2	4529.8	1774.4	39.2	7554.0	2840.2	37.6
2014	3128.2	1116.6	35.7	4839.1	1866.1	38.6	7967.3	2982.7	37.4
2015	2883.7	1089.3	37.8	4530.2	1745.7	38.5	7413.9	2835.0	38.2
2016	2807.7	1046.1	37.3	4446.4	1581.8	35.6	7254.1	2627.9	36.2
2017	2949.8	1096.0	37.2	4648.1	1574.6	33.9	7597.9	2670.6	35.1
2018	3122.5	1185.8	38.0	4940.1	1582.1	32.0	8062.6	2767.9	34.3
2019	3053.9	1195.8	39.2	4933.9	1515.4	30.7	7987.8	2711.2	33.9

资料来源：笔者依据 WTO 数据库资料整理制成

表3-2　中国纺织品、成衣出口竞争力指数

年份	纺织品出口竞争力指数（%）	成衣出口竞争力指数（%）	纺织品、成衣合计出口竞争力指数（%）
2000	11.43	93.61	57.66
2001	14.49	93.30	58.88
2002	22.31	93.62	62.19
2003	30.84	94.69	66.93
2004	37.21	95.14	69.96
2005	45.18	95.70	74.11
2006	49.69	96.46	77.70
2007	54.18	96.63	80.41
2008	60.10	96.28	81.83
2009	60.01	96.63	81.74
2010	62.60	96.19	82.19
2011	66.64	94.92	83.10
2012	65.63	94.48	82.58
2013	66.35	94.16	82.70
2014	69.30	93.60	83.73
2015	70.34	92.75	83.47
2016	72.50	92.18	83.83
2017	72.76	91.19	83.17
2018	73.79	90.04	82.72
2019	76.78	88.86	83.33

资料来源：笔者依据WTO数据库资料整理制成

三、中国纺织工业形成完整的产业链及产业集群

中国拥有世界上最完整的纺织工业全产业链，从上游的原辅料制造、化学纤维的制造，到中游的纺纱织布、印花染色，再到下游的成衣制造，我国都基本实现了自主发展。上中下游的企业良性互动，产生了显著的协同效应，使我国可以对国际市场需求快速反应，实现快速高质量产品的生产。同时，相关配套行业也比较完善，包括纺机产业、废弃物处理、检测机构、服装设计、相关展览、专业院校，等等。完善的产业链也给我国纺织服装产业带来巨大的创造力和国际竞争力，这些是其他发展中国家所不具备的。

经过了70多年的发展，我国纺织服装产业培育出了百余个产业集群，这些产业集群在合理配置资源、发展地区经济方面起到了重要作用。根据中国纺织工业联合会的数据，截至2018年，全国已经有216个地区和中国纺织工业联合会签署了纺织服装产业集群试点关系，其中市（县）级纺织服装产业集群113个，镇级纺织服装产业集群103个。纺织服装产业集群分布在21个省区，主要集中在东部沿海地区，其中浙江省44个、江苏省43个、广东省29个、山东省26个以及福建省15个。我国纺织服装产业集群从原始集聚到产业链关联集聚，不断地优化升级，形成了专业化的分工，其区域品牌影响力不断提升。产业集群的发展也将有利于我国纺织服装产业的发展以及国际竞争力的提升，促进我国纺织服装产业走向全球价值链中高端。

在纺织服装产业集群发展的同时，我国也培育出了大量的纺织服装专业市场。纺织服装专业市场是产业链重要的流通环节，涵盖了上中下游全产业链，为全产业链提供配套流通服务。我国纺织服装专业市场开始于改革开放，经历了40余年的发展已经具有一定规模，成为我国纺织服装企业渠道拓展的优势平台，在产业发展中起到了非常重要的作用。目前，我国纺织服装专业市场进入到稳定期，万平方米以上纺织服装专业市场数量、商铺数、商户数及市场总成交额稳步增加（表3-3），并且与产业集群深度融合，形成稳定的供应链条。

表3-3　我国纺织服装专业市场发展概况

年份	万平方米以上纺织服装专业市场（家）	市场经营面积（万平方米）	市场商铺数量（万个）	市场商户数量（万户）	市场总成交额（万亿元）
2010	699	9172.51	108.41	93.53	1.56
2011	709	6901.50	111.32	96.83	1.66
2012	776	6405.74	112.91	96.16	1.79
2013	802	6716.82	115.44	97.05	1.95
2014	833	7636.23	121.11	98.38	2.02
2015	862	6727.55	128.54	107.90	2.05
2016	894	7052.05	135.78	111.52	2.11
2017	903	7315.13	136.29	112.43	2.21
2018	915	7549.11	140.92	114.41	2.36
2019	922	7606.21	142.08	115.39	2.33

资料来源：笔者依据历年《中国纺织工业发展报告》披露数据制成❶

---

❶ 2014年市场商铺数量及市场商户数量为通过披露数据计算得出。

第二节
国内经济新常态背景下产业面临诸多挑战

一、纺织服装产业发展放缓

随着我国经济进入新常态，国内经济从高速增长转向高质量增长，经济结构也不断优化升级，从要素、投资驱动转向创新驱动。在这一背景下，我国制造业的工业增加值、投资等都开始放缓，纺织服装产业的关键指标也持续下跌，增速放缓。从表3-4可以看出，我国纺织行业工业增加值在2000年高达33.3%，在2005年依然保持26.5%，从2012年开始持续下降，在2013年跌破两位数并且持续下行，2019年跌至2.4%。

表3-4　我国纺织行业工业增加值增速变化

年份	2000	2005	2012	2013	2014	2015	2016	2017	2018	2019
工业增加值增速（%）	33.3	26.5	10.5	8.3	7.0	6.3	4.9	4.8	2.9	2.4

资料来源：笔者依据历年《中国纺织工业发展报告》披露数据制成

图3-6显示了中国纺织工业规模以上企业主营业务收入的增速变化，可以看出2006年之前呈现快速增长态势，从2007～2010年由于金融危机的影响出现增速的波动。2010年增速达到最大值29.55%，2011～2015年增速开始放缓，但是一直为正。从2016年开始主营业务收入的增速转为负值，并且持续下行至-21.13%，2018年和2019年虽然有所回升，但是依然为负。再看图3-7中国纺织工业规模以上企业利润总额及增速，从2000年开始利润总额持续增加，2015年达到3831.2亿元，从2016年开始持续减少。与之对应的利润增速在2016年之前一直处于波动状态，但是一直为正值，在2010年开始放缓，2016年首次出现负增长且一直持续至2019年。

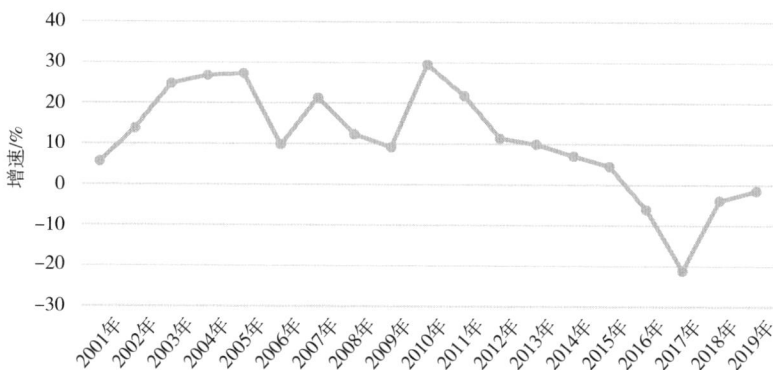

图3-6　中国纺织工业规模以上企业主营业务收入增速

资料来源：笔者依据历年《中国纺织工业发展报告》披露数据制成 ❶

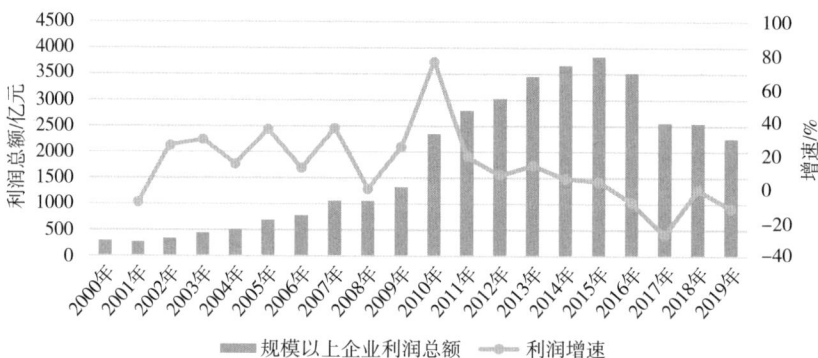

图3-7　中国纺织工业规模以上企业利润总额及增速

资料来源：笔者依据历年《中国纺织工业发展报告》披露数据制成

　　从主要大类产品产量增速来看（图3-8），化学纤维、纱、布以及服装的产量增速均为下行趋势。加入WTO初期由于出口增加，拉动所有大类产品产量快速增长，2004年后处于相对稳定增长阶段，在2008年金融危机出现增速暴跌。在之后的2009年、2010年均出现增速恢复，但是自2011年起所有大类产品产量增速均放缓，除了化学纤维产量依然维持正增长（也为个位数增速）外，纱、布以及服装近几年均呈现连续负增长。

---

❶ 依据历年披露的去年累计统计制成，其中2000～2004年为产品销售收入，2005～2018年为主营业务收入，2019年为营业收入。

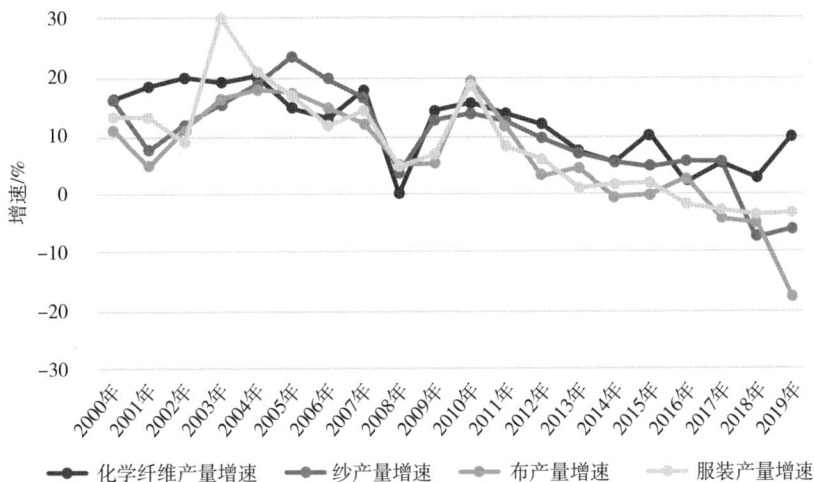

图3-8　纺织工业大类产品产量增速变化

资料来源：笔者依据历年《中国纺织工业发展报告》披露数据制成

　　从纺织行业固定资产投资增长率来看，我国入世后对纺织行业的固定投资额快速增长，在2003年增长率达到了80%以上，从2004年开始回归理性。从图3-9可以看出，从2004～2007年一直保持比较稳定的增长率。2008年由于金融危机影响导致投资骤减，从2009年开始恢复，2010年和

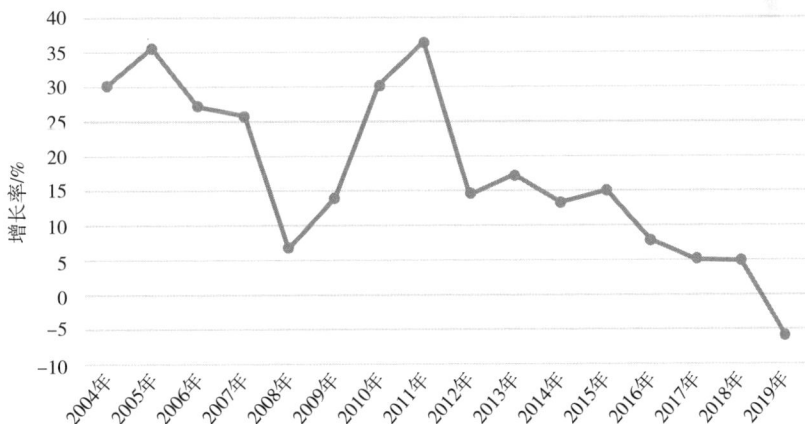

图3-9　纺织行业固定资产投资增长率变化

资料来源：笔者依据历年《中国纺织工业发展报告》披露数据制成

2011年恢复到之前的增长水平。但是从2012年开始,投资增长率持续降低,2016年降低至个位数,2019年出现了负增长。

二、企业投入成本的增加

纺织服装企业的投入成本面临着不断增加的风险。投入成本的增加主要来自原料、能源、劳动力成本、融资成本以及环保投入。

第一,纺织服装产业中的棉纺织产业和化纤产业受其原料价格的上涨和波动影响较大。棉花价格一直以来是影响我国棉纺织产业发展的重要因素,一方面,棉花价格的大幅波动会影响到棉纺织企业的正常运行,让棉纺织企业无从应对进而影响到整个产业链;另一方面,2014年之前棉花价格的国内国际价差影响了我国棉纺织产业的国际竞争力;2015年,国家试点棉花终止直补措施使国内外棉价差有所缩小,但是2011~2013年实施的棉花临时收储政策影响依然存在,这造成国内棉花品质下降,高等级棉花供应缺口加大,也不利于我国高附加值棉纺织品的国际竞争力的提高。国内纺织企业为解决原料问题选择从印度、巴基斯坦等国进口棉纱替代,这加剧了国内棉纺织企业的竞争压力,也造成了我国纺纱产能向海外转移。同样,原油的供需状况和价格的波动也会影响到化纤行业,进而影响到下游企业。

第二,能源问题。纺织服装企业的生产离不开电力,早在2004年由于拉闸限电导致东部沿海的纺织服装大省电力紧缺,企业开工率不足,一部分企业自己投资电厂缓解用电问题,这就加大了企业的投入成本。我国电价较高,虽然政府一直降低电价,但是仍然是越南、美国的近2倍,目前智能制造的大量机器代替用工的背景下,高电价依然是纺织服装企业成本增加的风险点。

第三,劳动力成本的快速提升是造成纺织服装企业成本投入增加的重要因素。低劳动力成本一直是我国纺织服装产业的比较优势,但是随着平均工资的提升,我国纺织服装产业的传统比较优势受到了挑战。从表3-5可以看出我国制造业平均工资水平不断提升，纺织服装产业的重点省份的制造业平均工资水平也水涨船高。据统计，纺织行业的劳动报酬仅有工业制造业平均水平的70%左右，所以劳动力向更高工资水平的产业流动，这就造成了东部沿海地区的劳动力供给短缺，出现大面积用工荒，企业不得不通过提高工资来保证生产，甚至部分地区出现了竞相提价挖角的现象。根据《中国纺织工业发展报告》的披露数据显示，2007年我国纺织行业劳动力价格增幅在13.5%～15%，2010年达到了20%以上，2011年和2012年均在15%左右，2013～2015年也保持了10%的增速。除了劳动力价格不断上涨以外，招工难、员工流动性高也成为纺织服装企业的痛点，对企业乃至行业的发展造成了重大影响。

表3-5　全国及重点省份制造业平均工资　　　　单位：元

年份	全国	江苏省	浙江省	福建省	广东省	山东省
1995	5169	5674	6059	5931	7913	4729
2000	8750	9182	10767	9666	12519	7101
2005	15757	16937	16446	14229	18019	13019
2010	30916	32209	29671	26627	31277	27773
2015	55324	62731	55370	50675	57419	48519
2019	78147	86366	80483	71641	79087	69354

资料来源：笔者依据《中国统计年鉴》制成

　　第四，融资难问题造成的融资成本过高。纺织服装产业中小企业居多，获得融资的能力较差，从银行获得贷款的难度很大，而民间借贷存在高风险高成本问题，因此纺织服装企业的融资成本依旧很高。2007～2009年融资难、融资贵成为我国纺织服装产业发展的重要问题，不能获得新的融资，造成了很多企业资金链断裂，新的投资无法开展，企业发展受到了影响。根据中国纺织工业联合会的调研，2015年纺织企业获得贷款利率普遍较基准利率上浮30%，融资成本超过6%，部分企业达到10%，而我国纺织企业境外投资的融资成本仅为2%~3%。这也是产业向境外转移的一个重要原因。虽然国家相继出台支持实体经济、普惠金融等政策，但是在纺织行业没有有效落实，所以纺织服装企业融资问题在一段时间可能仍然存在。

第五，环保投入的增加。保护生态环境是我国新常态下经济社会发展的重要任务，也是纺织服装产业发展的重要定位。自2013年起，节能环保就成了行业发展的重要问题。对于水污染物排放强制性新标准的实施使纺织服装产业特别是印染行业面临的环保压力增大，对应的技术改造费用投入增加，造成了短期的成本增加。同时，由于纺织服装企业多数为中小企业，其资金能力有限，改造项目得不到信贷支持，改造进度过慢无法达标，造成企业经营困难。同时，一些企业达到国家环保部门要求难度较大，可能面临关停、限产的风险。

除了以上问题外，我国纺织服装出口企业还有可能面临汇率波动的风险，造成利润的损失。

第三节 国际环境给产业带来不确定性

一、国际经济贸易环境的变化影响

1. 全球经济下滑导致外需低迷

2008年始于美国的次贷危机席卷了整个世界，最终演变成导致全球经济低迷的国际金融危机。美国、日本及欧盟在内的纺织服装主要消费国都深陷经济衰退的阴影，失业率高居不下、居民收入减少、信贷收缩严重，造成了消费增长乏力。纺织服装的消费也持续疲软。

从图3-10可以看出全球纺织服装进口增速变化，从2008年的金融危机开始，进口增速震荡走低，特别是2009年出现了暴跌，2010年和2011年增速较快主要是因为全球经济从低谷开始复苏，同时2009年的基数过低，2011年后的增速并没有回到金融危机之前，而是震荡下行趋势，多个年份均为负增长。从全球主要纺织服装进口市场——美国、欧盟和日本的纺织服装进口增速变化也可以看出，主要消费市场的进口也是出现了下行趋势及负增长。受到全球需求低迷、恢复乏力加之东南亚等地区国家抢占市场份额的影响，我国

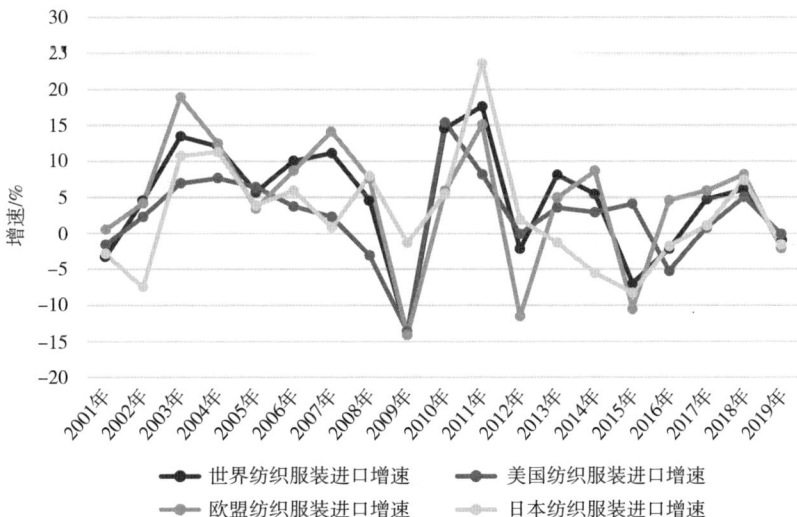

图3-10 世界及主要消费国或组织纺织服装进口增速变化

资料来源：笔者依据WTO数据库资料整理制成

纺织服装出口也出现了增速下滑的现象,从图3-11可以看出我国纺织服装出口增速的变化,2009年出现大幅下跌,2010年恢复性增长,之后波动下行且趋势十分明显。

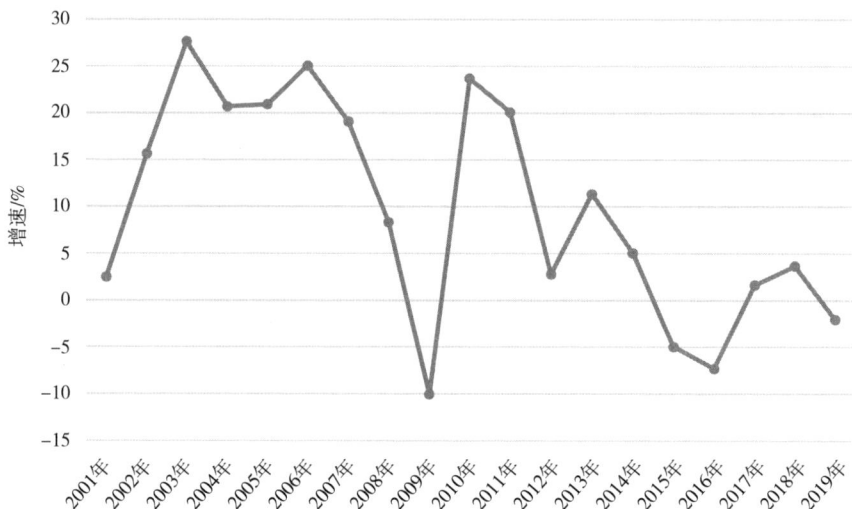

图3-11　中国纺织服装出口增速变化

资料来源:笔者依据WTO数据库资料整理制成

2. 区域经济一体化对国际贸易格局产生影响

区域经济一体化快速发展是20世纪末21世纪初国际经济贸易发展的一个重要趋势,特别是乌拉圭回合后,WTO发展陷入困境,世界各国竞相签订区域经济一体化来促进本国经济贸易的发展。从WTO披露的数据来看(图3-12),全球累计生效的区域经济一体化协议和参与国数持续增加,从时间分布来看,21世纪初是快速增长时期,增长速度呈现了先增后减的趋势,在2021年初呈现大幅增长。

区域经济一体化协议的缔结不仅取消了区域内的关税壁垒,还取消了非关税壁垒,促进了区域内的生产要素的优化配置,促进了区域内国家的经济贸易的发展。根据关税同盟理论,区域经济一体化会带来贸易创造和贸易转移效应,因此随着区域经济一体化协议的签署,国际贸易格局也随之发生变

当前生效的区域贸易协定（生效年份），1948~2021年

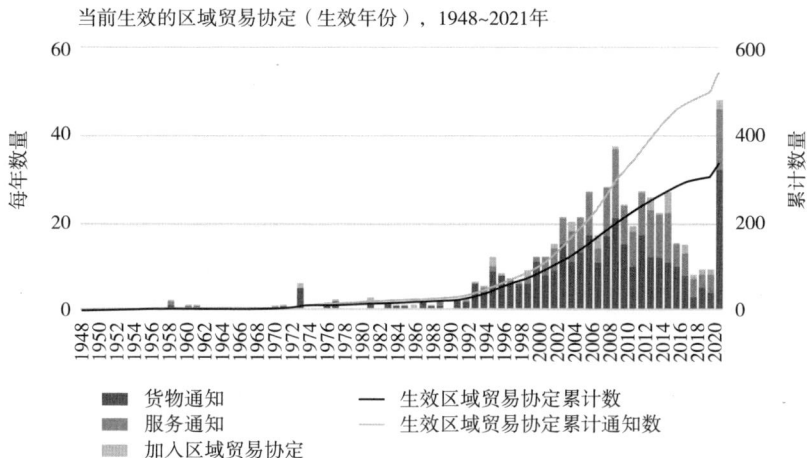

图3-12　全球区域经济一体化数量变化

图片来源：WTO官网，http://rtais.wto.org/UI/charts.aspx#（2021.1.29）

化，也影响到纺织服装产业的国际布局。例如，中国—东盟自由贸易区的签署及升级、跨太平洋伙伴关系协定以及刚刚签署的区域全面经济伙伴关系协定，都由于关税的取消或降低、原产地规则的规定等对纺织服装贸易的流向以及国际产能布局向东南亚转移产生重要的影响。

3. 中美贸易摩擦成为值得关注的长期不确定性因素

自2018年开始的中美贸易摩擦给我国纺织服装产业的发展以及国际产能布局带来了诸多的不确定性。2018~2019年两年的中美贸易摩擦中，纺织服装产品虽然不是摩擦的焦点，但是也受到了波及。美国对我国出口的纺织服装产品加征关税的范围不断扩大，税率也不断提高。2019年9月，我国对美出口的纺织服装产品85%以上被加征关税，一部分产品加征了25%的进口关税。因此，在摩擦不断升级的过程中，我国对美纺织服装出口受到了严重影响，2019年对美纺织服装出口增速为-6.6%，而这一数据在2018年为10.7%。中美贸易摩擦开启了中美关系转向长期竞争的序幕，这一影响对纺织服装产业的影响非常深远，不仅影响了我国纺织服装产品的出口，也影响了全球纺织供应链的布局。首先，中美贸易关系的恶化影响了全球纺织服

装品牌采购商对中国的信心,为了规避可能出现的风险、保证订单的稳定,越来越多的品牌将订单投向了东南亚、非洲等地区的国家。其次,中美贸易关系的恶化也打击了我国纺织服装企业的信心,已经海外建厂的企业逐步将订单转移至海外进行生产,其他未建厂的企业也加速向海外布局。2019年我国纺织服装产业对外投资比2018年增加了31.8%,这一数据说明了我国纺织服装产业对外投资的积极性。这些因素都将加速我国纺织服装产业的产能国际布局,助推东南亚及非洲国家的纺织服装产业的发展。

2020年初中美间达成了第一阶段经贸协议,但是从长期来看,中美经贸关系依旧是值得关注的不确定因素。

二、国际市场竞争日趋激烈

根据上一节所述,国际经济形势的恶化导致的国际市场需求不足、订单减少以及国际市场参与者的不断增加导致了我国纺织服装产业在国际市场所面临的竞争加剧,特别是从2010年以后。从数据来看,从图3-5也可以看出,我国纺织服装出口和成衣出口占全球份额从2013年开始逐渐降低,特别是成衣出口占比下降是导致整体份额下降的原因。而印度、越南和孟加拉等国家的纺织品和成衣出口占世界份额在不断增加,从图3-13可以看出印度纺织品出口占世界比重从2000年的3.58%上升至2019年的6%左右,越南纺织品出口则从不到1%上升到近3%。孟加拉成衣出口占世界比重从2000年的2.56%上升至2019年的6.7%,越南成衣出口则从2000年的0.92%大幅度增至6.26%。

从世界主要进口市场来看,图3-14为我国对美国、欧盟和日本纺织服装出口的增速变化,可以看出对三大传统主力市场的出口增速均呈现了波动下行的趋势,很多年份均为负增长。我国在美国、欧盟和日本的市场份额从2012年的40.21%、40.02%和73.22%降低至2019年的32.8%、32.6%和55.3%,分别下降了7.41%、7.42%和17.92%。

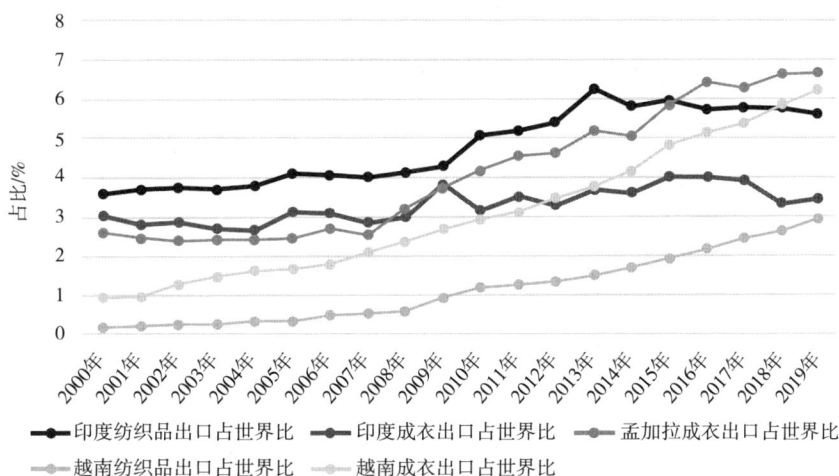

图3-13　世界主要纺织服装出口国出口额占世界份额变化

资料来源：笔者依据WTO数据库资料整理制成

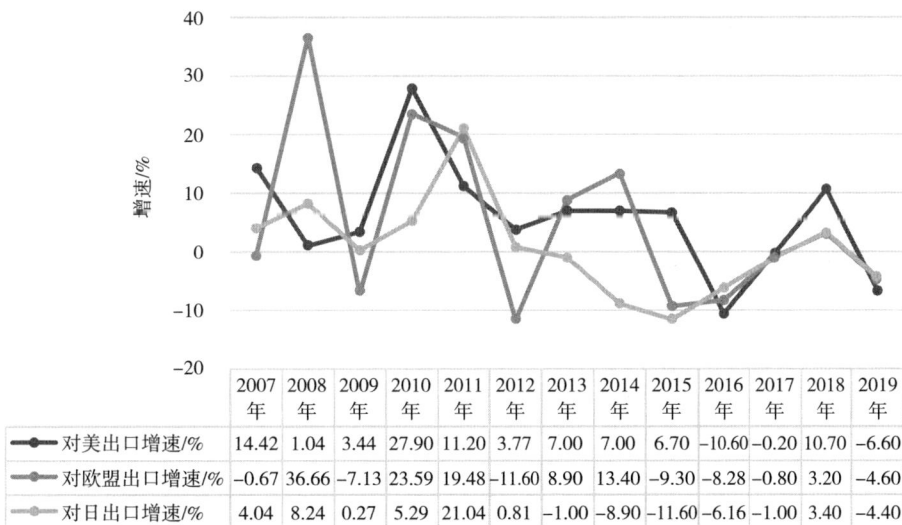

	2007年	2008年	2009年	2010年	2011年	2012年	2013年	2014年	2015年	2016年	2017年	2018年	2019年
对美出口增速/%	14.42	1.04	3.44	27.90	11.20	3.77	7.00	7.00	6.70	-10.60	-0.20	10.70	-6.60
对欧盟出口增速/%	-0.67	36.66	-7.13	23.59	19.48	-11.60	8.90	13.40	-9.30	-8.28	-0.80	3.20	-4.60
对日出口增速/%	4.04	8.24	0.27	5.29	21.04	0.81	-1.00	-8.90	-11.60	-6.16	-1.00	3.40	-4.40

图3-14　我国对美国、欧盟及日本纺织服装出口增速变化

资料来源：笔者依据WTO数据库资料整理制成

　　造成全球纺织产业链比较优势竞争愈发激烈的主要原因有以下几个。第一，由于纺织服装产业的门槛相对较低，能够为发展中国家解决就业问题并且出口创汇，促进经济发展，因此，很多发展中国家都积极引进外资发展纺织服装产业。这就导致了本来需求萎缩而更多的供给出现，使市场份额的竞争更为激烈。第二，如前一节所述，我国纺织服装产业的劳动力价格不断攀升，而南亚、东南亚及非洲地区国家的劳动力价格偏低，纺织服装产业在上述地区发展所投入的成本更低，产品价格更低，特别是劳动密集型的服装产业。从图3-15可以看出，我国的制造业工资水平和东南亚各国的对比。图中数据来自世界劳工组织数据库，由于各国数据更新速度和频率不一致，为了更好地横向对比，选取了2016年的各国制造业月平均收入（老挝和缅甸数据为2017年）。可以看出，我国的制造业平均工资是东南亚国家的3~6倍，加之东南亚各国所享受的优惠关税政策，更多的国际品牌商将订单投向了东南亚。第三，我国纺织服装企业在国内劳动力价格上涨、国际贸易环境不利变化以及东南亚成本优势的背景下加速了海外布局的速度，加快了产业链的转移，促进了东南亚地区的纺织服装产业体系的建立。

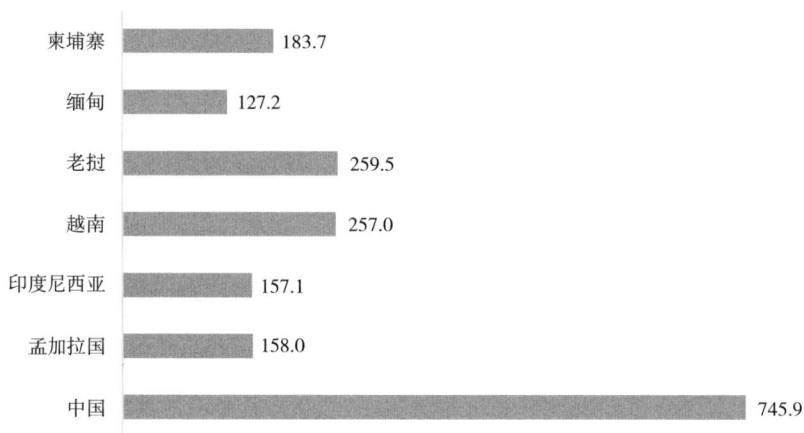

图3-15　2016年我国与东南亚各国制造业年平均月收入对比（单位：美元）

资料来源：世界劳工组织数据库，https://ilostat.ilo.org/topics/wages/

[1] 刘耀中. "一带一路" 路至何方？[J]. 纺织服装周刊, 2015(25): 15.

[2] "一带一路" 五周年纺织 "走出去" 步伐稳健 [J]. 纺织服装周刊, 2018(36): 59.

[3] 徐迎新，刘耀中. 中国纺织工业 "走出去" 进展与重点关注 [J]. 纺织导报, 2015(6): 42+44-48.

[4] 赵明霞. 中美贸易摩擦对纺织行业的影响及应对措施研究 [M] // 中国纺织工业联合会. 2018/2019 中国纺织工业发展报告. 北京: 中国纺织出版社, 2019: 178-182.

[5] 中纺联产业集群工作委员会. 我国纺织产业集群基本分析 [R/OL] (2020-05-09). http://www.ctei.cn/jq/yjbg/202005/t20200510_3995282.html.

[6] www.wto.org.

现状篇

第四章　纺织服装产业国际产能合作的现状

一、中国纺织行业对外投资发展历程

我国纺织服装产业的国际产能布局开始于21世纪，从前一章的论述中可以知道，我国纺织服装产业在20世纪90年代末已经具备比较大的规模和相对完善的体系，而这也为我国纺织服装产业进入21世纪以来的对外投资奠定了产业基础。2001年我国加入WTO之后，我国纺织服装产业热情拥抱国际市场，正式融入了经济全球化的浪潮中，开始了全球布局。2003～2019年，我国纺织行业对外投资存量110.8亿美元，也经历了不同的发展时期。图4-1为2003～2019年我国纺织行业对外投资额和增速的变化，从图中可以将我国纺织行业对外投资分为五个不同的阶段（图4-2）。

1. 2003～2007年：聚焦国内发展，缓慢推进对外投资

自加入WTO之后，我国纺织服装订单数量激增，表现为对外出口的激增。特别是2005年纺织品配额的取消释放了一定的出口，而此时我国国内的纺织服装产业供应链已具有相当的规模，也比较完善，无论从出口量、市场份额、产业规模都是全球第一。正是由于出口订单的规模较大，国

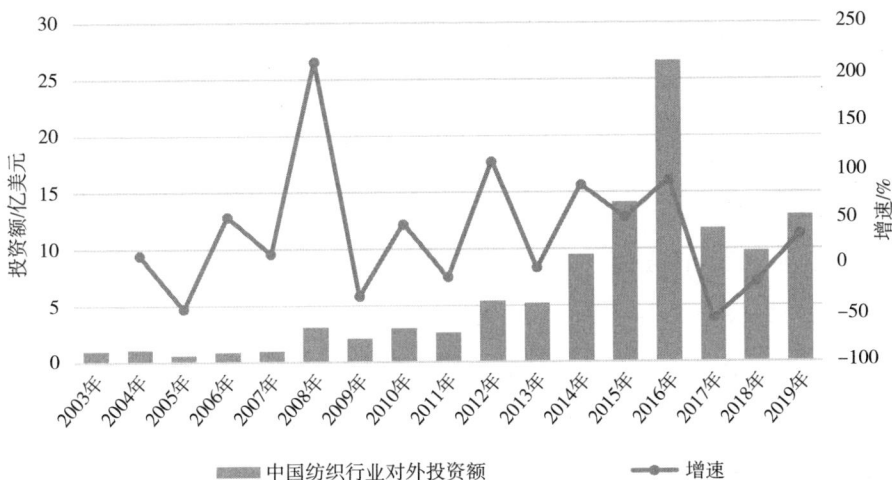

图4-1　2003~2019年我国纺织行业对外投资额和增速变化

资料来源：笔者依据历年《中国纺织工业发展报告》数据制成

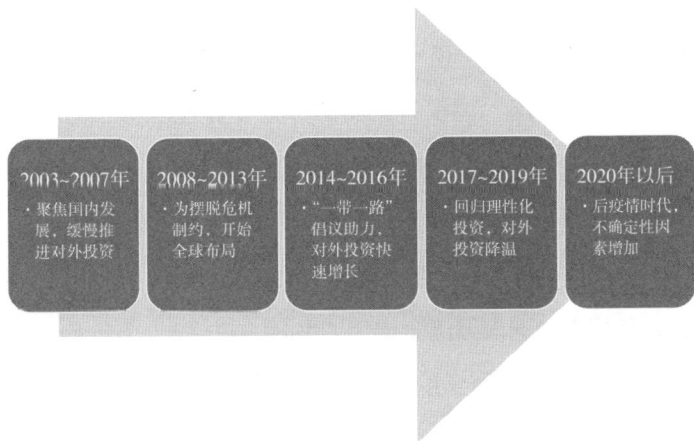

图4-2　我国纺织行业对外投资发展阶段

图片来源：笔者制成

际市场上的竞争较小，纺织服装企业更多专注于国内供应链的发展以及国内协调供应链的高效协作，而不是将目光放在对外投资。因此，从数据上来看，2003~2007年纺织行业的对外投资额保持在每年1亿美元的规模上下，

2005年只有0.6亿美元的规模，这也印证了当大规模国际订单释放时，纺织服装企业更专注于国内供应链来保证出口订单的完成。

2. 2008～2013年：为摆脱危机制约，开始全球布局

2008年的金融危机成为国际经济非常重要的分水岭，也是我国纺织服装产业发展的重要时间节点。首先是萎缩的国际需求使国际订单减少，而东南亚、南亚和非洲等国家也积极推进纺织服装产业的发展，加之成本也较我国低，订单开始流向这些地区，使我国纺织服装企业所面临的国际市场竞争更加激烈。在国内，传统纺织服装大省如江苏省、浙江省、福建省、广东省和山东省，其土地、劳动力等生产要素的价格节节攀升，成本大幅上升，严重压缩了纺织服装企业的利润，从而使东南部的纺织服装产业开始向中西部转移、向国外转移。从数据来看，2008年我国纺织行业的对外投资额为3.1亿美元，增速为210%。2008～2011年对外投资额维持在3亿美元上下，2012年开始上升至5亿美元。

3. 2014～2016年："一带一路"倡议助力，对外投资快速增长

2013年"一带一路"倡议开始实施以来，我国积极推进"一带一路"建设，"走出去"的步伐开始加快，对外投资稳步增长。2013年，我国对外投资额破千亿；2014年，我国对外直接投资达到1231亿美元，首次接近利用外资水平；2015年我国对外直接投资流量首次位列世界第二。对外投资合作已经成为我国主动融入经济全球化的重要方式。

在这一大背景下，我国纺织服装产业的全球布局速度也在加快，在这一时期，纺织行业中的龙头企业开始加快"走出去"的步伐，积极向海外投资，进行全球布局，也形成了一定的示范作用。从数据上可以看出，2014～2016年这三年呈现跨越式增长，对外投资额的平均增速超过了70%，2016年更是达到了26.6亿美元的对外投资额，是21世纪初的27倍，是"一带一路"倡议提出时的近5倍。

4．2017～2019年：回归理性化投资，对外投资降温

2016年的暴发式增长中存在着部分企业的非理性投资，随着2016年下半年政府各部门出台的相关对外投资政策的颁布，对于企业境外投资管理和海外投资真实性审查更加严格，纺织服装企业的对外投资开始回归理性化，企业开始重新审视对外投资战略。2017年的对外投资额锐减到2016年的一半以下，2018年持续下降至个位数。

2018年开始的中美贸易摩擦使中美经贸关系笼罩了一层阴影，虽然纺织服装并不是摩擦的焦点，但是却对纺织产业链的全球布局产生了非常重要的影响。国际品牌为了避免风险，将订单转移至东南亚生产，已经在海外建厂的企业也将订单转移。未来中美经贸关系的不确定性一定程度影响了我国纺织行业的国际布局，向关税更低的东南亚和非洲布局成为国内纺织服装企业规避风险的重要方式。从数据来看，2019年我国纺织行业对外投资增速由负转正，增速超过了30%，但是依然距离2016年的峰值有一定的差距。

5．2020年以后：后疫情时代，不确定性因素增加

2020年初的新冠疫情席卷全球，国内疫情已经得到了控制，但是国外依然处于比较严峻的状态。新冠疫情给全球经济带来了非常大的不确定性，全球经济在2020年急速下滑，可能造成本来没有完全恢复的国际需求进一步加速萎缩。在整个宏观经济低速运行的背景下，纺织服装消费市场失去增长动力，需求有可能持续低迷。2020年成为企业生存的重要年份，限制了企业进一步投资扩张的可能。另外，新冠疫情的传播给东南亚、印度以及非洲纺织服装生产国的生产带来了更多的不确定性，一些国家的生产被迫中止，这对我国纺织服装企业推进海外投资的信心带来一定影响。而且，由于一部分海外工厂的生产中止，使订单回流国内，可能一定程度抑制企业的海外投资。后疫情时代的纺织服装产业的国际产能合作依然面临更多的不确定性。

二、"一带一路"倡议实施以来中国纺织行业对外投资概况

如上一节所述，2013年，我国"一带一路"倡议的提出为纺织服装产业"走出去"奠定了政策基础，为我国纺织服装产业开展国际产能合作提供了政策保障。同年，中国纺织产业实施"走出去"战略交流大会召开，深度探讨了中国纺织业全球布局如何开展。自2013年开始，我国纺织行业对外投资开始加速。此小节主要讨论"一带一路"倡议实施以来，我国纺织行业对外投资的具体情况。

2013年"一带一路"倡议提出后，我国对外投资增速明显。目前，我国对外投资流量位居全球第二位，发展中国家第一位；对外投资存量位居全球第三。从图4-3可以看出我国双向直接投资的对比，2015年我国对外直接投资首次超过了实际利用外资，并且连续4年保持了资本净输出，我国已

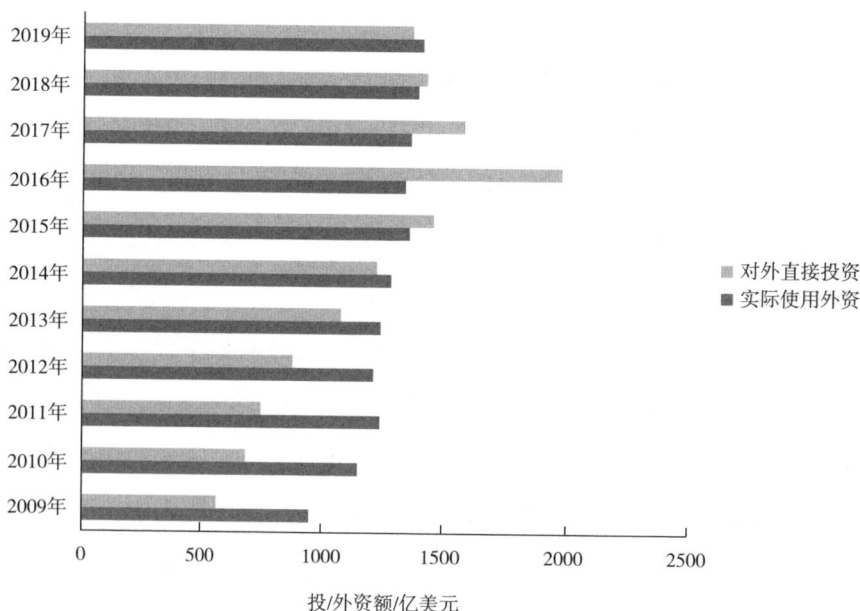

图4-3 2009~2019年我国双向直接投资对比

图片来源：《中国对外直接投资统计公报2019》

经成为对外投资大国。从表4-1可以看到制造业及纺织行业对外直接投资的所占比重，制造业占我国对外投资的比重从2013年的6%左右到2019年翻了近一倍，在2017年逆势增加达到了18%以上。制造业对外投资额的变化基本同我国对外投资额的变动一致，纺织行业的对外投资额的变动在2017年之前同制造业对外投资变动一致，2017年大幅下降，而制造业对外投资增加，这也是其占比大幅下降的原因。2019年纺织行业对外投资增加而制造业整体下降，也使其占比回升至8.8%。纺织行业投资占制造业的比重从2013年的7%左右增加至9%以上，但是在2017年下跌至原有的一半以下，经过2018和2019年的恢复重新达到近9%。

表4-1　2013~2019年中国对外投资额、制造业及纺织行业对外投资额及比重

年份	中国对外投资额（亿美元）	制造业对外投资额（亿美元）	制造业对外投资占比（%）	纺织行业对外投资额（亿美元）	纺织行业投资占制造业对外投资比重（%）
2013	1078.4	72.0	6.68	5.2	7.22
2014	1231.2	95.8	7.78	9.5	9.92
2015	1456.7	199.9	13.72	14.1	7.05
2016	1961.5	290.5	14.81	26.6	9.16
2017	1582.9	295.1	18.64	11.8	4.00
2018	1430.4	191.1	13.36	9.8	5.13
2019	1106.0	147.7	13.35	13.0	8.80

资料来源：笔者依据历年《中国纺织工业发展报告》及《中国对外投资发展报告》披露数据整理制成

　　表4-2为2013~2019年纺织行业对外投资额及增速，除了纺织行业的整体投资情况外，还可以看到分行业的投资额及增速变化。可以看出，2013年"一带一路"倡议的实施以及纺织行业"走出去"战略布局的开展使我国纺织行业对外投资速度加快。2014年，纺织行业对外投资增速加快，特

别是化学纤维制造业达到了260.34%。2015年依旧保持高速增长，化学纤维制造业的增速依然为分行业中最快的。2016年的对外投资额达到最大，其中纺织业的贡献率最高，达到124.05%的增速，纺织服装、服饰业为111.5%，而化学纤维制造业则增速转为负数。2017年，纺织行业整体对外投资出现了明显下降，整体及各个分行业的增速均为-50%以上。主要原因一是2017年以来我国各相关部门颁布了相关的监管措施，如《关于进一步引导和规范境外投资方向指导意见的通知》《企业境外投资管理办法》及《对外投资备案（核准）报告暂行办法》等，进一步对对外投资加强监管。二是纺织服装企业的投资回归理性，企业开始重新考虑自己的全球布局。2018年依旧是下降的一年，但是可以看到主要下降来自纺织业，而纺织服装、服饰业和化学纤维制造业开始回暖。2019年，受到中美贸易摩擦的影响，企业开始重新海外布局，对外投资额增长31.87%，其中化学纤维制造业贡献最大，达到367.89%的增速，纺织业小幅增加，而纺织服装、服饰业则出现了下降。

表4-2　2013～2019年纺织行业对外投资额及增速

年份	纺织行业		纺织业		纺织服装、服饰业		化学纤维制造业	
	金额（亿美元）	同比（%）	金额（亿美元）	同比（%）	金额（亿美元）	同比（%）	金额（亿美元）	同比（%）
2013	5.19	-4.78	3.31	29.56	1.50	-32.05	0.37	-45.20
2014	9.50	83.16	5.70	72.14	2.46	63.47	1.34	260.34
2015	14.05	47.96	8.60	50.86	2.52	2.83	2.93	118.15
2016	26.60	89.30	19.26	124.05	5.34	111.50	2.00	-31.83
2017	11.84	-55.48	8.37	-56.52	2.62	-50.59	0.85	-57.60
2018	9.82	-17.02	4.95	-40.90	3.78	44.30	1.09	28.70
2019	12.95	31.87	5.20	5.05	2.70	-28.57	5.10	367.89

资料来源：笔者依据历年《中国纺织工业发展报告》披露数据制成

第二节 主要投资目的地及对外投资省份

一、主要投资目的地

在这一小节，主要分析我国纺织行业主要投资目的地及代表国家和地区。截至目前，我国纺织服装企业对外投资目的地已超过100个，涵盖东南亚、北美、欧洲、澳大利亚、非洲等重点区域。图4-4为2015～2019年纺织行业主要投资目的地投资总额及其占比。从图中可以看出，我国纺织行业对外（境外）投资❶最大的目的地就是中国香港，对其投资存量约占同期对外投资总额的38%。其次是越南，总投资额为14.44亿美元，占比20%左右。接下来为新加坡、荷兰、埃塞俄比亚等国家和地区。

中国境内纺织行业对新加坡、英属维尔京群岛和开曼群岛，以及中国香港的投资排名均比较靠前，四地总额达到了39.89亿美元，占总投资额比重一半以上，主要原因为中国香港、新加坡作为主要金融中心充当了资金中转中心，而英属维尔京群岛和开曼群岛作为离岸金融中心也是企业重要的资金中转站。荷兰、美国和法国是我国纺织行业对发达国家投资的主要目的地，总投资额约7亿美元，占比9.3%，其中荷兰为中国（境内）纺织行业对外投资最多的发达国家。埃塞俄比亚和埃及是我国对非洲的主要投资地，特别是对埃塞俄比亚的投资累计近3亿美元，为我国纺织行业非洲最大投资地。中国（境内）对越南、缅甸、柬埔寨等湄公河流域国家投资比较集中，特别是对越南的投资，是除去中国香港外最大的投资目的地。另外，未列入表中的巴基斯坦、印度尼西亚、孟加拉也都是中国（境内）纺织服装企业投资的重点区域。可以看出，除对作为资金中转的金融中心投资外，中国（境内）纺织行业的对外投资主要集中在东南亚和非洲。

---

❶ 在外贸术语中，中国的对外投资、对外贸易等，特指中国境内对其以外的区域进行投资、贸易等。——出版者注

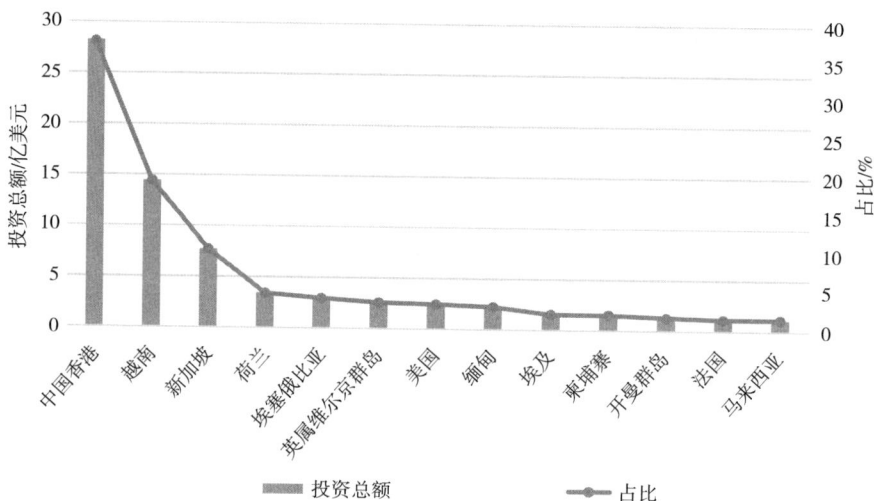

图4-4　2015～2019年纺织行业主要投资目的地投资总额及其占比

资料来源：笔者依据历年《中国纺织工业发展报告》披露数据制成

表4-3为2015～2019年我国纺织行业主要投资目的地排名及投资额，从这个表格中可以看出各个主要投资目的地的各个年份的投资额及其变化情况。从表中可以看出，对中国香港的投资在2016年最多，达到了当年中国境内纺织行业对全球投资的60%以上，在2017年跌至2.19亿美元，仅为2016年的八分之一左右。虽然对中国香港的投资总额位列第一，但是从名次的变化上看，2015年和2016年为第一名，2017年和2018年为第二名，2019年则降低至第三名。

表4-3　2015～2019年我国纺织行业主要投资目的地排名及投资额

单位：亿美元

排名	国家/地区	2015年	2016年	2017年	2018年	2019年	总额
1	中国香港	5.05	16.68	2.19	2.07	2.27	28.26
2	越南	1.63	2.26	2.16	4.66	3.73	14.44
3	新加坡	1.83	2.30	3.28	0.29	0.02	7.72
4	荷兰	—	—	—	—	3.41	3.41

续表

排名	国家 / 地区	2015 年	2016 年	2017 年	2018 年	2019 年	总额
5	埃塞俄比亚	0.35	0.11	0.93	0.47	1.10	2.96
6	英属维尔京群岛	—	2.11	0.48	—	—	2.59
7	美国	0.97	0.43	0.33	0.40	0.32	2.45
8	缅甸	0.65	0.30	0.38	0.19	0.73	2.25
9	埃及	0.73	0.42	0.16	0.16	0.08	1.55
10	柬埔寨	0.42	0.48	0.16	0.19	0.28	1.53
11	开曼群岛	0.09	0.01	0.63	0.59	—	1.32
12	法国	0.05	0.78	0.06	0.03	0.23	1.15
13	马来西亚	0.26	0.05	0.53	0.18	0.12	1.14

资料来源：笔者依据历年《中国纺织工业发展报告》披露数据制成

　　对越南的投资额的变动趋势是波动向上，整体为增加趋势，从1.63亿美元增加至约4亿美元。对越南的投资相较于第一名的中国香港的大幅波动突出了"稳"的特点。对其投资的名次从2015年的第三名稳步升至第一名，连续两年成为我国纺织行业对外直接投资最大的目的地。

　　对新加坡的投资出现了逆势而动的情况，2017年纺织行业对外直接投资锐减，但是对新加坡的投资却增加了1亿美元，成为当年最大的投资目的地。但是从2018年开始，对新加坡的投资出现了断崖式下降，仅为0.29亿美元，到了2019年降低至0.02亿美元。相同变化的还有对英属维尔京群岛和开曼群岛，2018年和2019年我国纺织行业均未对英属维尔京群岛进行投资，其中考虑到《经济实质法案2018》的生效所存在的影响。对开曼群岛的投资也是从2018年下降，2019年未有投资。整体来看，从2017年开始，对资金周转中心的中国香港、新加坡、英属维尔京群岛和开曼群岛的投资出现了锐减。

对荷兰的投资均发生在2019年。2019年对荷兰的投资额巨大的主要原因是恒申集团对福邦特荷兰己内酰胺工厂的收购。

对美国的投资额变化则是整体呈现下降趋势，在2019年荷兰作为黑马出现之前，美国一直是我国纺织行业对外投资最多的发达国家。

越南、缅甸和柬埔寨等湄公河流域国家是我国纺织行业对外投资的重点区域，占近5年的我国纺织行业对外投资总额的四分之一。埃塞俄比亚为纺织行业非洲最大投资地，2019年已经跃居第四位。

二、主要对外投资省份

这一小节主要分析我国纺织行业对外投资的主要省份及其份额的变化。表4-4为我国纺织行业对外投资主要省份及投资额的变化。可以看到2015~2019年累计对外投资总额排名前六的是传统纺织服装强省（市）的山东省、浙江省、上海市、江苏省、福建省和广东省，均集中在东南沿海。这五省一市是我国纺织行业对外投资的主力军，2015~2019年累计投资额达68.65亿美元，占同期全国的91.22%，其中山东省尤为突出，占比达到一半左右。从占比变化来看，山东省、上海市、广东省整体占比有所下降，浙江省、江苏省、福建省都呈现上升态势，特别是福建省，近两年占同期全国比重上升速度较快。从五省一市的对外投资额的变化来看（表4-5），山东省纺织行业的对外投资集中在2016年，达到17.24亿美元，之后减少到2018年的2.18亿美元，2019年回升至5.92亿美元。浙江省则是2015年的对外投资额最大，之后波动下降，和山东省的变动趋势相反。上海市从2016年开始整体呈下降趋势，从第二位跌至第五位。江苏省则一直保持相对平稳，在2019年对外投资增加明显，增加近1倍。福建省除2017年下降外，其他年份均实现对外投资的正增长，其排名也超过了上海市、广东省和江苏省，位列第三名。广东省2017年前实现了快速增长，但是之后对外投资额持续保持低位，排名也降低至第六名。

表4-4　我国纺织行业对外投资主要省份及投资额的变化

排名	省/市/区	2015～2019年投资总额（亿美元）	占同期全国比重（%）	2015～2017年投资总额（亿美元）	占同期全国比重（%）
1	山东省	35.77	47.53	27.67	52.71
2	浙江省	15.51	20.61	9.53	18.16
3	上海市	6.45	8.57	5.12	9.75
4	江苏省	5.02	6.67	2.59	4.93
5	福建省	3.15	4.19	0.69	1.31
6	广东省	2.75	3.65	2.33	4.44
7	宁夏回族自治区	1.62	2.15	1.62	3.09
8	新疆维吾尔自治区	1.04	1.38	0.62	1.18
9	安徽省	0.74	0.98	0.21	0.40
10	河南省	0.58	0.77	0.33	0.63
11	辽宁省	0.49	0.65	0.20	0.38
12	江西省	0.43	0.57	0.42	0.80
13	湖北省	0.25	0.33	0.03	0.06
14	北京市	0.21	0.28	0.20	0.38
15	内蒙古自治区	0.20	0.27	0.15	0.29
16	重庆市	0.11	0.15	0.06	0.11

资料来源：笔者依据历年《中国纺织工业发展报告》披露数据制成

表4-5　五省一市2015～2019年纺织行业对外投资额变化

单位：亿美元

省份	2015年	2016年	2017年	2018年	2019年
山东省	4.87	17.24	5.56	2.18	5.92
浙江省	5.98	1.86	1.69	3.78	2.20
上海市	1.22	3.07	0.83	0.90	0.43
江苏省	0.97	0.68	0.94	0.83	1.60
福建省	0.10	0.44	0.15	0.71	1.75
广东省	0.10	0.81	1.42	0.21	0.21

资料来源：笔者依据历年《中国纺织工业发展报告》披露数据制成

除了五省一市外，宁夏回族自治区的对外投资最多，且是我国中西部省份中对外投资最多的省份，但是值得关注的是宁夏回族自治区的纺织行业对外投资集中在2015～2017年，2018年和2019年均没有对外投资，出现了停滞。排名第八的是新疆维吾尔自治区，占比有所增加，可以看出除了原本具有优势的五省一市外，中西部省区的发展较为迅速。第九名的安徽省的对外投资连续两年快速增长，2019年对外投资额为0.45亿美元，超过了广东省的0.21亿美元和上海市的0.43亿美元，位列第五。河南省、辽宁省、湖北省、重庆市的同期占比均有所增加；内蒙古自治区变化不大；江西省、北京市的同期占比则有所下降。

一、主要投资行业及代表案例

根据表4-2中2013~2019年纺织行业中各个子行业对外投资额的加总计算可以得出三个子行业的累计对外投资额分别为纺织业55.39亿美元，纺织服装、服饰业20.93亿美元，化学纤维制造业13.68亿美元。通过计算百分比可以得到图4-5，从图中可以看出累计对外投资额占比最大的是纺织业，其次是纺织服装、服饰业，占比最少的化学纤维制造业。根据表4-2可以制成图4-6，从图4-6可以看出2013~2019年我国纺织行业中各个子行业对外投资额的变化，可以看出化学纤维制造业的对外投资额占比明显增加，纺织服装、服饰业占比持续下降。纺织业一直为投资额最大的行业。

根据中国纺织工业联合会的统计分析，纺织业对外投资几乎涵盖了整个纺织服装产业链，从上游的棉花、浆粕、麻等原材料，到棉纺、毛纺、化纤等中间产品制造，再到终端的服装、家纺产品和纺织

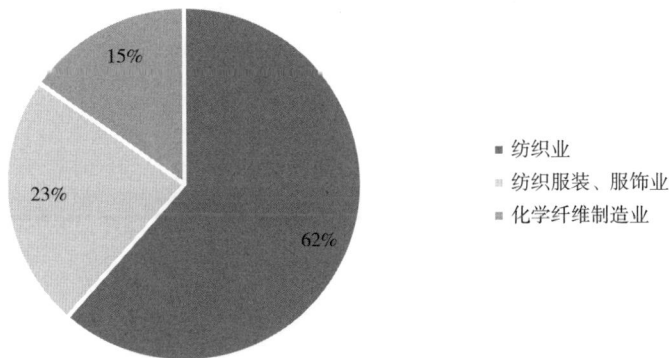

图4-5　2013~2019年纺织行业各个子行业对外累计投资占比

资料来源：笔者依据历年《中国纺织工业发展报告》披露数据制成

❶ 本节案例均引用自《纺织"一带一路"重点国别投资指南》。

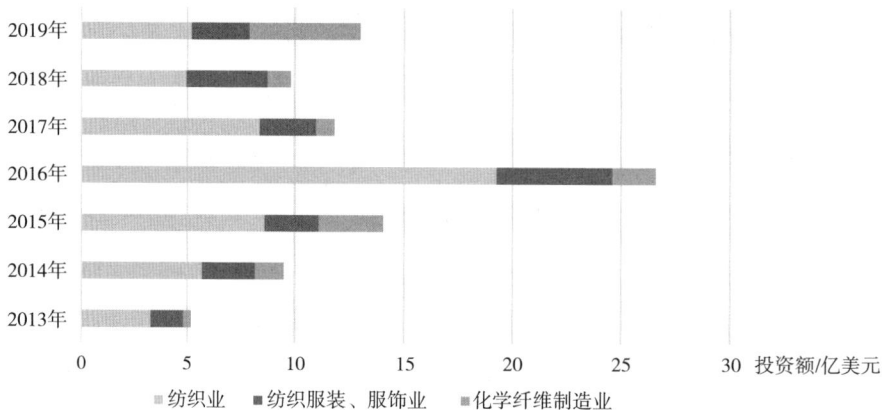

图4-6 2013~2019年纺织行业各个子行业对外投资额变化

资料来源：笔者依据历年《中国纺织工业发展报告》披露数据制成

机械等都有涉及。❶主要的代表案例如下：

1. 原材料

2018年，广通蚕种集团公司向位于乌兹别克斯坦纳沃伊州卡尔玛纳区的养蚕厂投资200万美元，兴建新项目。项目已建成一栋两层的养蚕室及其他辅助设施，修复了用于蚕茧生产和加工的老旧建筑。以前该厂只能养殖2万筐桑蚕，经现代化改造后达到5.2万筐。

福建百宏实业控股有限公司2017年在越南成立百宏实业（越南）有限公司，主要从事涤纶聚酯片、涤纶预取向丝及全牵伸丝等产品生产。目前一期25万吨切片和20万吨长丝已经建成投产，二期25万吨切片项目正在逐步投产中。

2. 中间产品

越南是现阶段我国纺织企业对外投资最为集中的国家，投资产业主要是棉纺，目前中资企业在越投资的纺纱产能已经接近300万锭。具有代表性的

---

❶ 徐迎新，刘耀中.中国纺织工业"走出去"进展与重点关注［J］.纺织导报，2015（6）：42，44-48.

企业是天虹纺织集团，2006年天虹纺织集团开始在越南投资，先后投建了天虹仁泽、天虹银龙纱线生产基地，天虹银河纱布基地，目前在越纺纱产能达到150万锭。华孚时尚股份有限公司2013年在越南设立子公司华孚（越南）实业独资有限公司，是越南隆安省目前最大的外商投资企业，也是华孚首个海外生产基地，现已形成28万锭纺纱产能。鲁泰纺织股份有限公司2015年在越南投建鲁泰（越南）有限公司，计划纺纱产能6万锭，2018年设计鲁泰新洲公司，主要生产纱线，用于色织环节配套。其他还有无锡一棉在埃塞俄比亚、金昇集团在乌兹别克斯坦分别投资了棉纺织产业。

江苏阳光集团投资9.8亿美元在埃塞俄比亚建设以毛纺产业为主的综合生产基地，拟建成从毛条染色、织造、纺纱、面料到服装的全产业链项目。2016年10月签订合作协议，一期项目总投资3.5亿美元，包含染色、纺纱、织造和后整理等生产工序。

3. 服装等终端产品

申洲国际集团2015年开始在越南设立服装生产基地，2017年建立第二家服装厂，越南制衣厂的产能约将达到申洲服装总产能的15%。同时申洲国际集团在柬埔寨成立申洲（柬埔寨）公司，是柬埔寨目前最大的服装制造企业，在柬共三家工厂，与邻近的越南形成集团海外纵向一体化产业链。2018年，申洲集团已在金边市筹备建设第三期成衣工厂。

鹿王（柬埔寨）针织有限公司是2009年在柬投资兴建，2010年正式运营，是目前在柬投资的唯一一家以羊绒服装生产为主的加工企业。年产能力60万件，预计未来5年可增至100万件/年。

迪尚集团是中国最大的服装出口企业之一，2011年成立迪尚孟加拉毛衫有限公司，是中国迪尚集团有限公司的全资海外子公司，配置高水平、专业化的毛衫生产流水线，年产量达500万件。

江苏东渡纺织集团（柬埔寨）有限公司位于柬埔寨首都金边附近的安达工业园内，主要从事婴幼童服装生产，生产车间占地面积约8000平方米，共3条生产线,并计划在柬新增两家员工数量分别为2000～3000人的童装生产工厂。

二、主要对外投资方式及代表案例

纺织业对外投资形式包括了绿地投资、合资经营以及跨国并购等典型的对外直接投资形式。目前,中国纺织业的对外投资形式主要为绿地投资和跨国并购。

1. 绿地投资

绿地投资是指跨国公司在东道国境内投资新建部分或全部资产所有权归母公司所有的企业。我国纺织企业通过资本输出,在全球范围内布局生产力,在海外建立制造中心来做到对全球订单的迅速反应以巩固我国纺织业在全球供应链中的地位。目前,绿地投资是我国纺织业对外投资合作的主要模式。上一节所举的行业投资例子几乎都为绿地投资,本小节以华孚时尚股份有限公司的全球布局为例进行说明。

华孚时尚股份有限公司是1993年由孙伟挺先生创立,是首家A股上市的色纺行业企业,也是全球色纺产业领导品牌、全球较大的新型纱线供应商和制造商。"华孚牌"色纺纱已成为色纺行业国际品牌,全球市场占有率名列前茅,主导产品远销欧美、日韩、东南亚等几十个国家和地区,得到众多国内外名牌服饰的青睐。公司通过并购和新建,目前已形成200万锭的产能,年产30万吨新型纱线,生产基地覆盖中国东部、中国新疆,以及越南等地,规模优势日益显现。公司目前系中国纺织工业联合会、中国棉花协会、中国流行色协会、中国棉纺织行业协会副会长单位,公司连续多年入选"中国棉纺织行业竞争力10强",获得中国"驰名商标"等荣誉。❶

2013年,华孚跟随国家"一带一路"倡议,根据全球知识和生产要素

---

❶ 华孚时尚股份有限公司官网:http://www.e-huafu.com/hjj/index_36.aspx。

结构，进行全球投资布局，规划形成全球开发、全球营销、全球制造、全球采购、全球营运的五全布局，不断提升全球化管理能力。2013年华孚时尚股份有限公司在越南设立子公司华孚（越南）实业独资有限公司，是越南隆安省目前最大的外商投资企业，也是华孚首个海外生产基地。现已形成28万锭纺纱产能，染色产能2万吨，研发中心2000平方米，配套生产生活设施11万平方米。2018年，越南华孚工业园开园，同时签约"浙商绿尚小镇"，计划到2023年建成从纺纱、织造、染整到服装与家纺加工的全产业链小镇，越南华孚将逐步被打造成华孚在东南亚的全能型快速反应生产基地。

目前，在生产制造领域，华孚生产基地，实现自有纱线产能200万锭，年产纱线30万吨，形成全球均衡布局。得益于全球的均衡布局，华孚获得了快速反应的优势，华孚通过供应链协同，统筹市场及订单信息，制订"点（产地）对点（客户）"的供应链计划，提升服务质量与效率，提高供应链精益化水平。通过整合棉田、棉花加工、纤维染色和纺纱产业链，分设成30个车间进行专业化生产，形成规模优势并进行分类生产，华孚提供了有竞争力的产品交期。❶

2 跨国并购

跨国并购是跨国公司常用的资本输出手段，通过对东道国企业的兼并和收购的方式来获得东道国企业的实际经营控制权。跨国并购的方式相较于绿地投资所耗费的时间更短、精力更少，我国纺织企业通过跨国并购的方式可以快速开展生产，占领市场。例如，江苏云蝠服饰股份有限公司2010年在孟加拉达卡投资设立新厂，并成功收购了达卡当地的纺织企业，通过生产环节向境外延伸，以先进纺织技术结合当地低廉的原材料与劳动力优势，既缓解了国内用工成本不断增长的压力，又迅速抢占了周边市场。2014年公司

---

❶ 华孚时尚股份有限公司官网：http://www.e-huafu.com/ksfyRV/index_27.aspx。

销售额超过10亿元，其中自主品牌出口额达到70%左右。

我国纺织行业通过积极主动的海外直接投资、并购对产业链两端的原料资源、设计研发资源、品牌资源和市场渠道资源进行全球范围内的垂直延伸和掌控，带动行业整体上朝世界纺织产业价值链的高附加值领域渗透。❶具有代表性的典范是山东如意科技集团。❷

山东如意科技集团创建于1972年，起步于济宁毛纺厂，经过了40多年的发展，发展出以毛纺、棉纺为核心的完整产业链，成长为位居中国企业500强及中国100大跨国公司的国际领先纺织时尚集团。

山东如意科技集团通过跨国收购完成了产业链的垂直整合。自2011年以来，如意相继投资收购了具有上百年历史的澳大利亚罗伦杜牧场和全球羊毛经营的领军企业伦普利澳大利亚有限公司。建立于19世纪的罗伦杜牧场，拥有世界上最负盛名的优质美利奴羊。通过研究超细羊毛的优化，生产全球最细的10.4um羊毛，为如意提供顶级羊毛原料。集团还投资收购澳大利亚南半球最大和单产最高、品质最好的棉花种植基地卡比棉田。集团还相继收购了印度GWA毛纺公司、英国哈里斯花呢公司、英国泰勒毛纺公司、新西兰WSI毛条公司，这使得如意拥有了发达国家的先进制造技术和设计资源。

过去十年，如意将重心转向全球资源配置，通过跨国并购国际品牌来构建国际时尚版图。自2010年收购日本知名服装企业Renown公司后，山东如意先后入股拥有Barutiti和Masterhand品牌的德国男装制造企业PEINE-Gruppe集团、收购法国时尚集团SMCP、收购英国风衣品牌Aquascutum、控股高档男装零售商利邦、创新成衣设计制造和供应商

❶ 徐迎新，刘耀中.中国纺织工业"走出去"进展与重点关注［J］.纺织导报，2015
（6）：42，44-48.

❷ 山东如意科技集团的案例内容来自山东如意科技集团官网：http://www.chinaruyi.
com/home以及中国纺织国际产能合作企业联盟微信公众号。

Bagir、Bally International AG公司。2019年1月完成了对美国莱卡的收购。

通过对全球资源重新配置，如意获得的不仅是优良的品牌资产，更可贵的是积淀数十年、上百年的管理经验、人才资源。

[1]薛峰. 2019年中国纺织行业对外投资情况与特点［M］//中国纺织工业联合会. 2019/2020中国纺织工业发展报告. 北京：中国纺织出版社有限公司，2020：179-184.

[2]崔晓凌. 中国纺织行业对外投资形势与特点［M］//中国纺织工业联合会. 2018/2019中国纺织工业发展报告. 北京：中国纺织出版社，2019：183-188.

第五章　纺织服装产业国际产能合作重点国家分析

越南 第一节

一、国家概况

1. 自然环境

越南位于中南半岛东部，北与中国广西、云南接壤，中越陆地边界线长1347千米；西与老挝、柬埔寨交界；东和东南濒临南中国海。陆地面积32.9万平方千米。越南地形狭长，呈S形。南北最长处约1640千米，东西最宽处约600千米，最窄处仅50千米。地势西北高，东南低，境内3/4为山地和高原。有红河三角洲和湄公河三角洲两大平原，面积分别为2万平方千米和5万平方千米，是主要农业产区。北部和西北部为高山和高原，中部长山山脉纵贯南北。越南河流密布，其中长度在10千米以上的河流达2860条。较大的河流有红河、湄公河（九龙江）、沱江（黑水河）、泸江和太平河等。越南海岸线长3260千米。

越南属东七时区。首都河内时间比北京时间晚1个小时。公路运输为主要运输方式，铁路基础设施落后，有7个国际航空港，水路运输相对发达但尚无中转港。通信业发展较快，电力供不应求，限电现象时有发生，与工业产能快速扩张的需求之间存在矛盾。

越南共有729座城市，包括河内、胡志明市、海防、岘港和芹苴5个直辖市。越南城市共分六类：河内和胡志明市为特别城市，此外，还有15个一类城市，16个二类城市，45个三类城市、66个四类城市，其余为五类城市。

以首都河内为核心的红河三角洲和以胡志明市为中心的东南地区是越南的两大人口聚集区。

首都河内位于红河三角洲平原中部，面积3344.7平方千米，截至2019年底，人口接近805.36万人，是全国的政治、文化中心，全国面积最大和人口第二大城市。河内旧称"升龙"，已有千年历史。水陆交通便利，有铁路、公路和航空线与全国主要省市相连。

胡志明市距离出海口60千米，是越南最大的港口城市，人口位居全国之首。位于红河三角洲的海防市拥有北方最大港口。胡志明市是越南最大的港口城市和经济中心，由原西贡、堤岸、嘉定三市组成，位于湄公河三角洲东北，西贡河右岸。面积2090平方千米。据越官方统计，胡志明市有华人约50万，市内第五郡（原堤岸市）是华人聚居的地区。市区著名历史建筑有统一宫（原南越总统府）、市政厅、邮局、歌剧院、天后庙、圣母大教堂等。胡志明市气候终年炎热，昼间温差不大。1月份气温最低，月平均气温25℃；4月份气温最高，月平均气温29℃。

2. 人文环境

根据世界银行数据，2019年越南全国人口9620万。越南语为官方语言，部分居民会讲英语。共有54个民族，宗教信仰以佛教为主。地处湿热地带，禽流感等传染病较多发。

3. 经济发展情况

越南2007年加入世界贸易组织（WTO），以出口为主导实现了经济的高速发展，2019年越南GDP达2620亿美元，人均GDP为2786美元，GDP总量同比增长7.02%，是2011年以来连续第二年增长超过7%的年份，是东盟地区经济增长最快的国家之一。2019年出口额为2646.1亿美元，进口总额达2534.4亿美元，出口总额在东盟十国中位列第四。美国是其最大的出口市场，对美出口额607亿美元。中国是其最大的进口市场，自华进口额753亿美元。世界银行发布《2020年营商环境报告》显示，越南在全球190个经济体中排名第70位。世界经济论坛《2019年全球竞争力报告》显示，越南在全球最具竞争力的141个国家和地区中排名第67位。

2018年越南签署《2030年面向2045年越南制定工业发展政策方向的决议》，计划到2030年实现工业占GDP比重超四成，工业增加值年增长率超过8.5%，劳动生产率年均增长7.5%，行业竞争力指数（CIP）跻身东盟国家前三名，建立一些具有国际竞争力的大型跨国工业企业和产业集群，到2045年建成现代工业国家。

4. 生产要素

水价：越南洁净水价格因地域、用水主体性质等因素差异较大，各省、直辖市政府有权确定水价。实行用水量阶梯价格，用量越多价格越高。以河内市为例，2019年底居民用水和工商业用水基本价格区间为6000～19000越盾（0.26～0.81美元）/立方米。此价格不含增值税。

电价：根据政府发布的电价决定，2019年3月20日起商品电平均零售价格为1864.44越盾（约0.08美元）/度（不含增值税）。电价因用电时段、行业、电压、用电主体性质不同有较大差别。居民生活用电价格为1678～2927越盾（0.072～0.126美元）/度，工业用电价格为970～4587越盾（0.042～0.197美元）/度。此价格不含增值税。

气价：越南液化天然气价格随市场因素波动，2020年1月1日居民用气价格为372000～401000越盾（15.92～17.17美元）/瓶（12千克）；工商业用气价格略高。

汽油、柴油价：2020年3月，95号汽油零售价为20886越盾（0.89美元）/升，92号汽油19729越盾（0.84美元）/升，0号柴油16063越盾（0.69美元）/升。

劳动力供应：越南劳动力工资相对低廉，使越南劳动力市场具有较强的竞争力，但也存在技术水平和能力不足、劳动效率较低等问题。2019年越南总人口为9620.9人，较上年净增66.9万人。其中，男性占49.8%，女性占50.2%。全国人口平均寿命73.6岁。截至2019年底，15岁以上劳动人口为5580万，同比增加41.71万人。适龄劳动人口为4910万人，同比增加52.77万人。全年从事劳动的15岁以上劳动人口约5470万人，其中第一产业劳动人口占34.7%，第二产业劳动人口占29.4%，第三产业劳动人口占35.9%。2019年第四季度经过3个月以上劳动技能培训获得文凭或证书的15岁以上劳动力约1289万人，占比23.1%。2019年平均工资约780万越盾（约346美元）/月，同比增长6.8%。2020年第一季度越南在岗劳动力平均收入：国有企业月平均工资1050万越盾（约465美元），同比增长10.5%；国有控股股份制企业月平均工资约910万越盾（约403美元），同比增长13.8%；私营企业月平均工资约690万越盾（约306美元），同比增长1.5%；外资企业月平均工资约750万越盾（约332美元），同比增长2.7%。部分行业收入较高，如矿山、冶炼、电力、金融和电信等，人均月收入1000万越盾（约443美元）以上。2019年，越南消费者物价指数（CPI）仅增长了2.79%，为三年来最低，物价涨幅控制在预定范围内，员工工资涨幅高于物价涨幅，生活改善较为明显。员工社会保险来源包括：企业交纳工资总额的17%、员工交纳工资额的8%、政府补贴、基金本身收入及其他来源。

土地价格：工业用地原则上实行集中供地，即由国家设立若干工业园区，企业从工业园区租借用地，租期一般情况下最长为50年，价格因地域、地段不同而差异很大。南方以胡志明市、北方以河内市为中心的工业用地价格最高。2019年北方25省市工业区平均土地出让价近121.5美元/平方米，中部21省市27～42美元/平方米，南部17省市将近123美元/平方米。

房屋租金：2019年河内市甲级写字楼租金平均25～50美元/平方米/月，乙级15～25美元/平方米/月；胡志明市甲级写字楼租金约30～70美元/平方米/月，乙级20～35美元/平方米/月。2019年北方25省市工业区厂房月租均价4～5美元/平方米，中部21省市约2.9美元/平方米，南部17省市约4美元/平方米。

房屋售价：2020年第一季度，房产市场平均价格在2300美元/平方米，豪华高档商品房售价约为7166美元/平方米，中档商品房2200～3500美元/平方米，普通商品房1200美元/平方米。

二、纺织服装产业的发展情况

1. 产业规模

纺织服装业是越南重要的支柱型产业，2018年全国有将近7000家纺织服装企业，从业人口超过270万人。2018年营业收入为420亿美元，约占全国工业的80%以上。2019年出口额达402.7亿美元，占全国出口额的15.2%，全国共有8个纺织工业园，胡志明市周边发展形成"纺织工业经济圈"。

从产业链结构看，越南纺织产业链发展尚不均衡，终端服装制造业是产业链主体，产销规模占全产业链70%。根据越南统计局数据，2018年服装产量约达48.3亿件。服装企业运营模式以代加工为主，根据越南纺织服装协会（VITAS）数据，65%的企业从事简单缝制加工（CMT），25%从事贴牌加工（FOB），仅有9%的企业从事原始设计制造（ODM），1%是原始品牌制造商（OBM）。

上游棉纺行业依托基础设施及贸易环境优势发展较好，目前纺纱产能已达650万锭，产量达到125万吨/年。产业链其他环节发展相对缓慢，织造、染整能力与上下游不配套。现阶段面料生产仅能满足30%的下游生产需求，绝大部分中高端面料主要依赖进口，中国是其最大进口来源国。

从资本结构看，外商投资企业是越南纺织行业的重要组成部分，企业数占比约为15%，韩国、中国、日本是境外直接投资的主要来源，2018年中国（含香港、台湾）在越南纺织行业投资项目达669个。

2. 对外贸易

越南纺织服装业以出口导向为发展路径，出口额占销售收入比重达88.1%，近年来国际市场份额快速提升，目前是世界第三大服装出口国，2019年纺织品服装出口额402.7亿美元，占东盟纺织品服装出口总额近45.5%。美国、日本、韩国和欧盟是越南纺织品服装主要出口市场，其中对美国出口额2019年达159.1亿美元，是越南第一大出口市场，占越南纺织品服装出口额的39.5%。主要出口产品是服装服饰产品、纱线，服装出口额占出口总额的82.5%。

2019年，越南纺织品服装进口总额约213.0亿美元，约69.4%是纤维、纱线及面料，其中面料占比达到58.3%，主要进口来源国是中国和韩国，此外，越南还进口棉花、蚕丝、羊毛等天然纤维原料，2019年棉花进口额为24.5亿美元。

3. 周边国家纺织产业

越南西南部与柬埔寨接壤，柬埔寨服装加工业具有一定规模，首都金边周围是重要的产业集聚区。由于缺少产业链上游配套，柬埔寨面料几乎全部依赖进口，越南在纱线等上游纺织环节具有良好基础，在面料织造及染整加工方面具有发展潜力，胡志明市周边就是纺织经济圈，距离柬埔寨金边仅200千米，两国建立产业链配套关系具有一定条件。

4. 工业园区

越南现有321座工业园区，16个沿海经济区和3个高科技工业园。主要的工业园区围绕在河内市辐射的红河三角洲和胡志明市辐射的东南地区，包括西宁省福东工业园、广宁省海河工业园、南定省黎明工业园、海防市工业园等。

福东工业园：位于南部西宁省，临近与柬埔寨交界处，交通与贸易较为便捷，距离胡志明市52千米，距离最近的清福中转港10千米，距离协福集装箱港口70千米，距离新山一机场50千米。园区附近有两条淡水河，水质良好，适合纺织染整用水。配套设施有四个120兆瓦的电站，一个日功率30万吨的水站、两个日处理能力5000吨的污水处理厂。已入驻中资纺织企业有申洲国际、百隆东方、鲁泰等。

海河工业园：位于东北部广宁省海河县，临近中国边境，处于中越"两廊一圈"战略范围内，在中国西南经济圈和泛珠三角经济圈交汇处，距中国广西东兴市仅约30千米，陆运至江苏福建仅需两天。规划面积33平方千米，配套设施包括热电厂、供水厂、污水处理厂及仓储物流服务区。现有天虹纺织、华利达集团等中资纺织企业。

黎明工业园：位于北部南定省义兴县，距离河内机场和海防港口仅150千米。工业园规划主要以纺织服装染整制造业为主，总面积15平方千米，投资金额4.4亿美元。配套设施有2400兆瓦的热电厂，可满足整个园区用电；第一阶段日产能17万吨的供水站；日处理能力11万吨的污水处理厂；以及专用码头和物流服务等。目前，园区入驻有锦兴国际控股、佳利达环保科技等中资纺织企业。

广义工业园：位于中部沿海广义省，由新加坡胜科集团投资并运作，包括广义在内，胜科集团在越南六省投资了七个新加坡工业园，广义、海防、义安工业园内企业自生产经营之年起15年内享受10%的营业所得税优惠。入驻广义工业园的企业进口当地市场无法满足的原材料、半成品时，可免交5年关税。园区水电费用很低，可为企业提供废水排放许可，并提供进出口、技术学校等全方位服务，适合纺织企业投资。越南是现阶段我国纺织企业对外投资最为集中的地区，目前中资企业（如天虹集团、鲁泰集团、百隆东方、华孚色纺等）在越投资的纺纱产能已经接近300万锭。

三、投资环境与政策

1. 法律

劳动就业法规：根据越南法律，外资企业可以通过中介机构录用当地劳动力，并根据生产需要及有关法律规定增减劳动力数量。企业必须以政府公告最低薪资水准为基准制定梯形薪资，第一级距的薪资水准为最低薪资加7%。从第二级距起每多一个级距增加5%，以此类推。

2. 税收

企业所得税：中小型企业和初创企业的企业所得税税率现已下调至17%，年营业额不超过1000亿越南盾的企业可以享受免税优惠。为鼓励投资，越南对于投资项目实施分类管理，不同类型的项目享有不同的税率和减免期限优惠。国家特别鼓励投资项目所得税率为10%，减免期限为4~15年；鼓励投资项目所得税率为15%，减免期限为2~10年；所有优惠税率最长不超过15年，过优惠期后按普通税率征税。普通投资项目所得税率为20%，减免期限为2年。对于投资额达到3亿美元，或年销售额达到5亿美元，或提供就业岗位3000个以上的企业，越南政府给予所得税"四免九减半"的特殊优惠。

增值税：税率为10%。

印花税：按年度征收印花税，以企业注册资金为征收依据。注册资金在100亿越盾以上征300万越盾，50亿~100亿越盾征200万越盾，20万~50亿征150万越盾，20亿以下征100万越盾。新成立企业在上半年完成税务登记并获得税号的将按全年征收印花税，下半年获得税号按50%缴纳。

进出口关税：越南政府将鼓励投资的行政区域划分为经济社会条件特别艰苦地区（A区）和艰苦地区（B区）两大类，分别享受特别鼓励优惠及鼓励优惠政策。A区免固定资产进口关税，从投产之日起免前5年原料、物资或半成品进口关税；属出口产品生产加工可免征出口关税或退税。

在工业区和出口加工区内建立的生产性和服务性外资企业均免征出口税。工业区内，属于鼓励投资范畴的生产性外资企业进口构成企业固定资产的各种机械设备、专用运输车辆免征进口税；对用于生产出口商品的物资、原料、零配件和其他原辅料可暂不缴进口税，企业出口成品时，再按进出口税法补缴进口税。出口加工区内的生产性和服务性外资企业进口构成企业固定资产的各种机械设备、专用运输车辆和各类物资、原料免征进口税。

3. 金融环境

外汇管理方面，外国投资者可根据越南外汇管理规定，在越南金融机构开设越盾或外汇账户。居民组织如需在国外银行开设账户，须经越南国家银行批准。外国投资者可向从事外汇经营的金融机构购买外汇，以满足项目往来交易、资金交易及其他交易的需求。如外汇金融机构不能满足投资者的需要，政府将根据项目情况，解决其外汇平衡问题。此外，越南还存在金融机构以外的"自由市场"，提供小额外币兑换服务。

越南海关规定，出入境时如携带5000美元以上或其他等值外币、1500万越南盾以上现金、300克以上黄金等必须申报，否则超出部分将按越南海关有关规定进行处罚。中国国内团组访越，如团费交由专人携带，出入境时超出标准部分应申报，或者分散保管，以免被罚没。

4. 贸易政策

越南在区域经济合作方面表现活跃，目前已经签署了十多个双、多边自由贸易协定（FTA）。根据"全面与进步跨太平洋伙伴关系协定"（CPTPP），越南出口的纺织品服装在日本、澳大利亚、加拿大和韩国等市场享受进口零关税优惠。根据"欧盟与越南自由贸易协定"（EVFTA），协定生效后，少部分服装产品关税将直接降为零，大部分服装产品关税将从协定生效后3~7年内分阶段下调为零。

但CPTPP和EVFTA在纺织品服装原产地规则上分别要求从纱线和面料认定，而越南目前织造、染整生产能力明显不足，因而享受零关税优惠的难度较大。

作为东盟成员国，越南与其他东盟国家之间的纺织品服装贸易往来关税均为零。2010年中国与东盟签署自贸协定，2015年与越南实现自由贸易，纺织品服装贸易往来均可享受零关税。

四、与越南纺织服装产能合作的经验

目前，越来越多的中资纺织企业开始计划在越南投建织造、印染工厂，但越南政府环保监管比较严格，一些地方政府出于环境原因也不鼓励发展印染环节。考虑市场需求因素，建议企业投资织造、染整加工，但应充分考虑上游原料供应及环保因素。

越南是现阶段我国纺织企业对外投资最为集中的地区，投资产业主要是棉纺，目前中资企业（如天虹集团、鲁泰集团、百隆东方、华孚色纺等）在越投资的纺纱产能已经接近300万锭。

1. 天虹纺织集团

2006年开始在越南投资，先后投建了天虹仁泽、天虹银龙纱线生产基地，天虹银河纱布基地，天虹染整工厂，并建设了越南天虹海河工业园，目前在越纺纱产能达到150万锭，染整加工能力达到2.16亿米/年。

2. 华孚时尚股份有限公司

2013年在越南设立子公司华孚（越南）实业独资有限公司，是隆安省目前最大的外商投资企业，也是华孚首个海外生产基地。已形成28万锭纺纱产能，染色产能2万吨，研发中心2000平方米，配套生产生活设施11万平方米。2018年，越南华孚工业园开园，同时签约"浙商绿尚小镇"，计划到2023年建成从纺纱、染整、织造到服装与家纺加工的全产业链小镇，越南华孚将逐步被打造成华孚在东南亚的全能型快速反应生产基地。

3. 鲁泰纺织股份有限公司

2015年初投建鲁泰（越南）有限公司，项目坐落于福东工业园，计划总投资1.6亿美元，从事纺纱和色织布生产，计划产能为6万锭纺纱和年产3000万米色织布，2016年色织布实现全线投产。2015年底投资3000万美元成立鲁安成衣有限公司，设计产能为年产高档衬衣900万件，目前一期、二期已投产，三期项目建设有序推进。2018年设立鲁泰新洲公司，主要生产纱线，用于色织环节配套。

4. 申洲国际集团

2013年设立申洲面料生产基地，两期项目耗资超过15亿港币，目前面料产能占到申洲集团全部面料产能的40%，产品用于为国内及申洲柬埔寨服装厂配套。2015年开始设立服装生产基地，2017年建立第二家服装厂，越南制衣厂的产能将达到申洲服装总产能的15%。

5. 青岛即发集团

2005年设立即发成安（越南）服装有限公司，现拥有32条生产线，年产各类针织服装900余万件，年产值超过2000万美元，为当地创造了1000余个工作岗位。2016年投资青岛贵华（越南）服装有限公司，并在越南北江省建设华日（越南）包装有限公司。

6. 福建百宏实业控股有限公司

2017年在越南成立百宏实业（越南）有限公司，主要从事涤纶聚酯片、涤纶预取向丝及全牵伸丝等产品生产。目前一期25万吨切片和20万吨长丝项目已经建成投产，二期25万吨切片项目正在逐步投产中。

五、与越南纺织服装产能合作存在的风险

1. 宏观经济稳定性不足

越南经济很大程度上依赖出口，易受国际经济环境的影响；公债、坏账高企，目前尚无有效解决方案。

2. 劳动力素质不高

越南虽然劳动力充裕，工资较低，但受过良好教育和职业技能培训的劳

动力仅占20%左右，劳动效率相对较低。

3. 配套工业较落后

产品配套能力低，交通运输、电力供应等方面欠缺，直接制约了制造业发展。生产所需机械设备和原材料大部分依赖进口，产业链发展不完善，对纺织原料、坯布面料等进口依赖性很大，但在污水排放标准方面很严格。

4. 外汇管制较为严格

投资者在使用美元时受到较大限制，须面临越南盾汇率不稳定的风险。

5. 越南政策法律透明度不高

越南政府已制定了大量法律法规，但其法律体系仍处在不断完善的过程中，法律法规在执行方面不严格。投资审批程序严格、费时，人为操作的因素较多。

一、国家概况

1. 自然环境

埃塞俄比亚（以下简称"埃塞"）位于非洲东北部，与吉布提、索马里、肯尼亚、苏丹等国接壤，是中东、非洲及亚洲的"十字路口"。国土面积110.4万平方千米，地处非洲高原，平均海拔近3000米，有"非洲屋脊"之称。气候宜人，全年大致分为旱、雨两季，每年2~3月、6~9月为雨季，其他时间为旱季。

埃塞土地、林木和水资源较为丰富，其中清洁水源覆盖率已超过60%，但利用率尚不足5%。国内已探明黄金、铂、镍、钽、石油和天然气等矿藏。埃塞基础设施日益完善，全国公路覆盖率超过70%，公路运输占全国总运量的90%以上。共有40多个机场，其中3个为国际机场，百余条国际航线。海运业务均由国有2个船运物流公司垄断，进出海运货物全部通过吉布提港。

2. 人文环境

埃塞人口约9760万，是非洲人口第二大国。全国共分为两个自治行政区和九个民族州。首都亚的斯亚贝巴是埃塞俄比亚政治、经济和文化中心，也是联合国非洲经济委员会和非洲联盟总部所在地，被誉为"非洲的政治心脏"，在非洲具有独特的政治地位。多年来，埃塞政局相对稳定，注重发挥东非大国作用，是非洲联盟、东南非共同市场等组织成员。

埃塞属多民族国家，共有80多个民族、83种语言。阿姆哈拉语既是主要民族语言，也是政府官方工作语言，英语也是政治和经济活动中的通用语言。宗教信仰多元，全国人口45%信奉埃塞俄比亚正教，其余信奉伊斯兰教、基督教新教和原始宗教，每逢周日和宗教节日做礼拜。埃塞教育事业发展在非洲地区较为领先，全国拥有超过50所大学，居民受教育程度较高，劳动力素质居于非洲之首。

3. 经济发展情况

埃塞俄比亚政局总体稳定，政府实行对外开放政策，推行经济市场化和私有化改革，同时积极争取国际援助，吸引投资、促进出口，经济发展态势良好。据世界银行统计，过去的15年间，埃塞GDP年均增速达10%左右，跻身全球经济增长最快的10个国家之列。2019年GDP总值为961亿美元，人均GDP为985美元，是东非第一大经济体和非洲经济增长最快的国家。根据联合国数据，2019年埃塞出口总额为27.6亿美元，进口总额为142.5亿美元。中国是埃塞第一大贸易伙伴，中国也是埃塞第一大外商直接投资来源国。根据《2020年营商环境报告》和《2019年全球竞争力报告》，埃塞营商环境和竞争力在全球分别为第159位（159/190）和第126位（126/141），仍具广阔发展前景。多年来，埃塞因招商政策优惠、人口红利丰沛、营商成本低廉和市场潜力巨大等比较优势，逐渐成为海外资本的理想投资目的地。

埃塞在推行投资政策改革与推广方面表现出色，在国际投资市场备受关注，是非洲最大的外商直接投资吸收国之一。《2020年世界投资报告》显示，2019年，埃塞吸收外资流量为25.2亿美元；截至2019年底，外资存量达249.2亿美元。2008年以来，埃塞政府开源节流，压缩外汇需求、促进出口增长。但因2015年以来，埃塞俄比亚部分地区屡遭自然灾害，2020年更面临疫情、蝗灾和洪灾等多重灾害威胁，埃塞政府不得不动用外汇储备赈灾，外汇短缺情况恶化，企业申请外汇额度更加困难。2020年6月底，埃塞中央银行的国际储备总额约30亿美元（国际货币基金组织数据），较上一财年明显下滑。政府债务上升、外汇持续短缺、区域发展失衡是埃塞目前经济发展中面临的最主要风险因素。

虽然近年来埃塞国民经济发展表现不俗，但实现经济结构、产业结构间优化协调发展仍任重而道远。农业是埃塞国民经济和出口创汇的重要支柱产业，但工业制造业基础薄弱，且门类及结构发展不均，零部件、原材料多依靠进口，配套能力较差。基础设施落后，也制约着经济发展。2010年，埃塞开始实施首个五年"增长与转型计划"（GTP-Ⅰ）。2015年，第二个五年"增长与转型计划"（GTP-Ⅱ）已全面启动，政府将纺织服装业等七个行业列入制造业重点发展领域，依托工业园建设实现工业化发展，同时提出到2020年埃塞纺织服装行业出口创汇10亿美元和解决30万人就业的目标。

4. 生产要素

劳动力：埃塞劳动力规模约5400万人，达到全国总人口一半以上，人口结构年轻，仍处于人口红利期。劳动力整体素质在非洲国家中相对较高，易于接受培训、适应力较强且培训途径较多。劳动力薪资水平较低，工人工资不超过100美元/月，用工成本竞争力较强，但因产业基础薄弱，熟练工人缺乏，劳动生产率相对较低。

纺织原料：埃塞土地面积宽广，气候条件适宜棉花生产，具有种植有机棉花的潜力，适宜棉花生产的土地超过3.2万平方千米，但目前开发度不足10%。据测算，2019/2020年度埃塞棉花产量预计为5.7万吨。此外，埃塞也产出毛、麻等纤维原料。

能源、资源：埃塞水资源丰富，尼罗河流经埃塞本土，地势起伏较大，水力发电具有优势，水电资源在非洲首屈一指。目前，埃塞致力于建设装机容量达6450兆瓦的复兴大坝水电项目，政府也在积极开发地热、风电和太阳能等新能源，以增加埃塞电力支持。

电力：工业电价0.02～0.04美元/度，各大工业园均有可靠的绿色能源供应，政府出资为工业园配备变电所。但由于配电网络老化，断电现象时有发生。

用水：凡在提供集中供水的城市，按用水量计费，工业用水价格0.076~0.532美元/立方米。没有自来水供应的，需要自己打井供水，免缴税费，打一口井的价格在2万~3万美元。

物流运输：埃塞政府限制外资进入物流运输行业，本土企业提供的物流运输、仓储、清关等服务水平不高，便利化程度低且整体物流成本高。

土地：工厂建设与租赁投资者可通过租用、租赁或免费取得城市和农村土地的使用权。中资企业集中的亚的斯亚贝巴市和奥罗米亚州土地租赁价格相对较高，商用平均最低租金分别已达到816.3比尔（约合28美元）/平方米和647.2比尔（约合22美元）/平方米。亚的斯亚贝巴市工业用地已相当紧张。

二、纺织服装产业的发展情况

1. 产业规模

埃塞俄比亚纺织服装业发展起步较晚，产业规模不大，以中小企业为主，总数百余家。服装加工是埃塞纺织产业链最重要的环节，也是外商投资企业集中度较高的环节，此外还有部分纺纱、织造及少量染整项目。埃塞具有出产棉花资源的潜力，但目前开发度不足10%。服装出口加工企业支持着埃塞服装出口规模的加速增长，但企业所需面辅料基本依赖进口，制造周期较长，难以满足要求严格的快速反应订单。

近年来，埃塞服装、纱线、纺织面料以及文化服饰出口规模不断扩大，吸引外资能力大幅提升，PVH等国际纺织服装品牌以及无锡一棉、江苏阳光等中资龙头企业均已入驻，正在努力推进纺织垂直产业链的发展。埃塞投资机构数据显示，目前登记在案的国际纺织投资项目已超过65个，其中约50%由中国企业独资或部分出资建立。

埃塞政府致力于通过实施各项优惠政策，将埃塞打造成全球纺织和服务业的新兴市场生产中心和OEM（贴牌加工）制造商集聚的区域性中心。埃塞政府希望未来10~15年可以实现纺织服装出口额300亿美元的目标，并解决大量就业。

2. 对外贸易

根据ITC（International Trade Center）数据，2019年埃塞纺织品服装出口总额接近1.5亿美元，其中纺织品出口额为0.5亿美元，服装出口额已达到1.0亿美元，近8年中增幅高达477.4%，主要产品一半以上出口至欧盟和美国市场。2019年，埃塞纺织品服装进口额为6.9亿美元，中国是埃塞第一大纺织品服装进口来源地，占埃塞纺织品服装进口额的比重已超过75%，主要进口产品为化纤长丝、面料及服装。

3. 工业园区

纺织服装业是埃塞政府在引进外资、促进出口及整体产业发展规划的重中之重。得益于埃塞政府通过建设工业园区以加快推动工业化转型的发展战略，纺织服装企业集聚在首都亚的斯亚贝巴周边地区的工业园内，初步形成了当前纺织服装产业链的总体分布。首都周边已建成的园区主要包括博乐莱米（BoleLemi）工业园一期、阿瓦萨（Hawassa）工业园一期、阿达玛（Adama）工业园，在建园区包括博乐莱米二期、克林图（Kilinto）工业园、Arerti工业园等。

另外，埃塞北部、西北和西南部的产棉区分布有一些轧花厂，并兴建了一些工业园区。已建成园区主要有孔博勒查（Kombolcha）工业园、默克莱（Mekelle）工业园、季马（Jimma）工业园等，巴赫达尔（Bahir-Dar）工业园正在建设当中。此外，还有部分私人工业园拟引入纺织服装企业入驻，如中国华坚集团打造的华坚国际轻工业园已于2018年4月奠基。

阿瓦萨工业园是目前非洲最大的纺织服装工业园，也是埃塞工业园发展的里程碑和旗舰项目，由中国土木工程集团有限公司（中土公司）承建，目前一期已建成运营。2016年7月开园，设有一站式服务大厅，投资委、移民、海关、纺织工业发展协会均派代表入驻，基础设施配套完善。园区采用零排放绿色环保标准，吸引了美国PVH集团及其10余家上游供应商，以及无锡金茂、江苏阳光、无锡一棉等中资骨干纺织服装企业相继落户。

德雷达瓦工业园位于埃塞第二大直辖市德雷达瓦市，由中土公司承建。距市区12千米，是埃塞境内距铁路和港口最近的工业园，距离吉布提港295千米。总规模42平方千米，园区绿化面积可达到30%。中土公司拟于周边建设10平方千米的德雷达瓦中土工业园区，吸引纺织服装出口导向类企业入驻，预计提供4.2万个就业岗位，已与联发纺织、江苏AB集团等纺织企业达成合作意向。

三、投资环境与政策

1. 法律

为鼓励外商投资，埃塞政府专门成立投资委员会，制定多项投资政策，鼓励外商投资。

最低投资额：外国投资者对单一投资项目的最低投资金额不得低于20万美元。与本国投资者合资的外国投资者最低投资金额不得少于15万美元。外国投资者用其既有盈利或红利进行再投资，或其产品的75%用于出口的，不受最低投资金额限制。

工业园区：2015年，埃塞政府发布《工业园区公告》，包括经济特区、科技园区、出口加工区、农业加工区、自由贸易区在内的工业生产基地都以工业园区形式集中发展。埃塞纺织专业工业园区比例较高，为纺织服装企业提供丰厚优惠政策。入园制造企业可享受的优惠政策如下：①8~10年的所得税减免；②对进口货物、建筑材料、不超过资本货物价值15%的零配件、用于生产出口商品的原材料以及汽车，免征关税及其他税收；③政府在园区内提供一站式服务；④在免税期内发生亏损可延后结转，在所得税免税期届满后，最多可延长一半免税期；⑤在园区内建厂房和住所，以象征性低价提供60~80年的土地租赁期；⑥为企业员工提供安全进入、劳工许可、居住证明等快捷服务；⑦通过特定出口企业计划提供通关便利，即进口原材料可直接从海关站点运至工厂。

外资企业获得土地的规定：外商可通过租赁获取土地，价格由定期拍卖决定。在一些重点投资地区，土地甚至可以免费获取。此外，政府在工业区配备了必要基础设施，出口导向型产业用地一般可享受优惠待遇。

2. 税收

企业所得税：按企业所得总额的30%征收，分配给股东的股息收入按10%的预扣赋税税率征收所得税。制造业投资可享受1～6年的所得税减免，如果在偏远地区投资，还可以额外获得三年的所得税减免。如投资者扩大或升级既有企业，且扩大和升级后的产能或提供服务能力较前提升50%，或引进一条新生产线且之后的产能或提供服务能力较前提升100%，有权享受2～9年免税期。产品或服务至少60%用于出口的企业或为此类出口商提供生产服务的企业，亦可享受额外两年所得税免征优惠。工业园开发商可享受10年所得税减免，入园企业可额外享受两年所得税减免。

资本利得税：不动产收益应缴纳15%的资本利得税，转让公司股份或债券收益应缴纳30%资本利得税。

增值税：年营业额超过50万比尔（约合1.9万美元）以上，征收15%的增值税。出口货物或服务且符合相关法规鼓励出口规定的，免征增值税。

3. 贸易政策

关税：政府对纺织业投资予以关税优惠政策支持，用于投资项目的资本货物，如机械设备、建筑材料等，以及相当于资本货物价值15%的零配件可免征进口关税，并可免税转让给具有同等资格的投资者。用于制造出口产品的原材料进口关税和进口货物税收可予以返还。

贸易优惠安排：埃塞俄比亚是东南非共同市场、非洲和太平洋地区等区域组织成员，享受美国《非洲增长与机遇法案》（AGOA）和欧盟"武器除外的全面优惠安排"（EBA）等关于非洲产品免关税、免配额的政策，对周边及美国、欧洲国家出口具有便利条件。埃塞对中国、日本、加拿大、土耳其、澳大利亚等国出口的绝大部分商品也可享受免进口关税优惠，出口印度享受优先市场准入待遇。

4．金融环境

埃塞俄比亚货币是比尔，可与美元直接兑换（1美元约可兑26.7比尔），但不能与人民币直接结算。埃塞外汇管制正趋于严格，在埃塞投资企业需提前进行投资架构的设计以及财务上的用汇安排。外资企业通过资产抵押可在当地银行申请贷款，但由于金融机构资金紧张，获得贷款难度较大，融资成本很高。2016/2017财年，埃塞实际平均贷款利率为12.75%。另外，埃塞国家发展银行对工业园内纺织服装企业提供一定融资支持，优惠利率为8.5%。

四、与埃塞俄比亚纺织服装产能合作的经验

与大多数非洲国家相同，埃塞纺织服装业整体发展较为滞后，产业发展仍主要依靠外商投资驱动。但埃塞劳动力资源丰富，工资水平偏低，拥有多项市场准入优惠，服装出口加工业具有投资空间。棉花原料品质优良且具备进一步开发空间，适宜纤维的生产，具有发展从棉花到服装全纺织产业链的可能性。现阶段产业链发展尚不完善，面辅料进口依赖度较高，企业可结合实际以服装加工为中心，向上游适当延伸产业链，但需关注政府对染整加工部分环节（如织物整理、漂白、染色、上浆等）投资限制。

1．江苏阳光集团

江苏阳光集团投资9.8亿美元在埃塞建设毛纺产业为主的综合生产基地，拟建成从毛条染色、织造、纺纱、面料到服装全产业链项目。2016年10月签订合作协议，一期项目总投资3.5亿美元，包含染色、纺纱、织造和后整理等生产工序，截至2019年，生产厂房、办公楼主体结构及大部分装修工作已完成，设备正在安装调试当中，中方技术人员也已抵达埃塞开始准备工作。

2. 无锡金茂公司

无锡金茂公司是美国PVH的供应商，已在埃塞阿瓦萨工业园投建色织面料与服装工厂，共计划投资三期项目，涉及纺纱、织造和染色产业链。2018年1月，纺织厂一期项目正式竣工，拥有264台喷气织机，月产能250万码（约229万米）色织面料，所用棉纱均从中国进口，面料提供给园区成衣企业。

3. 无锡一棉

无锡一棉在德雷达瓦国家工业园投资建设的纺织产业生产基地，计划征地40万平方米，规划投资建设30万纱锭，总投资约2.2亿美元，主要生产配套高档色织、针织、家纺的产品，可提供3000人左右的就业机会。第一期项目于2018年1月开工建设，投资8000万美元，建筑面积约6万平方米，生产规模达10万纱锭，并配套气流纺加工车间、职工餐厅和职工活动中心等相应设施。截至2019年，国内主机设备已发运完毕，设备安装人员全部到场，纺纱设备与生产辅机已进入规模安装阶段，预计2019年内实现投产。

五、与埃塞俄比亚纺织服装产能合作存在的风险

尽管埃塞俄比亚发展纺织服装业的潜力巨大，但埃塞国内纺织和相关配套基础薄弱，产能合作需综合考虑土质、水质、温度、湿度、劳动效率、物流运输、政策时效、供电稳定性、市场去向、办事效率等因素。

1. 产业链配套问题突出

纺织产业配套能力偏弱，面辅料进口依赖性较强，产业链中间成本高。目前，埃塞具有支持出口型企业的导向政策（企业80%的产品在埃塞境内加工成终端产品并最终出口，即视为出口企业），生产企业所需要的面辅料基本依赖进口，导致制造周期较长，不能满足要求严格的快速反应订单，由此产业链抱团进入才能摊低中间环节成本，最大限度发挥政策红利。

2. 物流成本居高不下

尽管埃塞政府正在竭力完善配套，但目前的状况仍不尽如人意，其中物流运输是一个很大的制约因素。埃塞俄比亚政府限制外资进入物流运输行业，由本国企业提供的物流运输、仓储、清关等服务水平尚低，价格又居高不下，整体物流价格比中国要高得多。

3. 劳动生产率有待提升

与世界制造业主流国家相比，埃塞工人的劳动生产率依然处于较低水平，需要更多的技能培训以提升其劳动生产率。

4. 外汇管制依然趋紧

近年来，由于大宗商品价格低迷造成出口创汇收入降低，埃塞俄比亚的外汇储备极为短缺，很多生产企业因为无法获得外汇而停产，埃塞俄比亚中央银行采取比尔贬值15%的措施，以刺激出口，增加外汇收入。埃塞俄比亚规定汇款不能超过5000美元，进口货物超过2000美元需要装运前证明。因此，有意愿在埃塞投资的企业要提前进行投资架构的设计以及财务上的用汇安排。

第三节 缅甸

一、国家概况

1. 自然环境

缅甸位于亚洲中南半岛西北部，与印度、孟加拉国、中国、老挝和泰国接壤，国土面积67.6万平方千米，是东南亚陆地面积最大的国家。全境雨量充沛，属于热带季风气候，生态环境良好，自然灾害较少。

缅甸以农业为主，农业人口比重超过60%。矿产、森林水利和海洋资源丰富，但工业基础薄弱，水、电、公路、铁路、港口等基础设施不足。缅甸公路总里程为4.2万千米，铁路全长6112千米，全国有大小机场70余个，仰光、内比都和曼德勒机场为国际机场。主要港口有仰光港、勃生港和毛淡棉港，其中仰光港是缅甸最大的海港。缅甸水力发电潜力很大，全国水能资源可开发装机容量约6000万千瓦，但目前由于用电需求随经济发展逐年增大，工业用电存在缺口。

2. 人文环境

缅甸是总统制的联邦制国家，首都是内比都，仰光是缅甸最大城市和第一大经济中心。缅甸通过15个边境贸易点，与中国、泰国、印度和孟加拉国等邻国开展边境贸易，坐落在中缅边境的木姐口岸是缅甸最大的边境贸易点。根据世界银行数据，2019年缅甸人口达5458万。官方语言为缅语、英语。共有135个民族，缅族约占人口总数的65%。信仰自由，信奉佛教人数占85%以上。政府重视教育，全民识字率约94.8%。

缅甸社会治安总体较好，但近年来由劳资纠纷等问题引发的罢工事件频发，集中在纺织服装等劳动密集型行业，多家中资企业受到影响。华人华侨在缅人数约250万，缅甸华人几乎涉足缅甸社会经济的各个领域，尤其是商贸业、服务业及加工制造业等。

3. 经济发展情况

目前，缅甸仍处于全球最不发达经济体之列，社会经济发展水平较低。在2019年的《联合国人类发展指数报告》（HDI）中，缅甸得分0.584，位列第145名，在东南亚地区国家中排名倒数第一。同期，缅甸的全国贫困率为24.8%，仍有接近1200万人口生活在贫困线下，占比超过全国5458万总人口中的五分之一。据世界银行统计，2019年缅甸GDP为761亿美元，增长率达2.9%，人均GDP为1407.8美元。根据联合国数据，2018年缅甸出口总额为178.0亿美元，进口总额为185.8亿美元。

中国是缅甸第一大贸易伙伴和第二大投资来源国，中缅贸易占缅甸对外贸易总额接近40%。世界银行《2020年营商环境报告》公布的190个经济体中，缅甸排名第165位。截至2020年，中国已成为缅甸第一大出口市场和第一大进口来源地。据统计，在两国双边贸易额这一数据上，2002～2019年涨幅超过二十倍。其中，在缅甸向中国出口的商品方面，主要包括木材及木制品、植物产品、矿产品、塑料制品和水产品在内的五大类原材料以及初级产品和农副产品，原因在于缅甸是一个农业国家，几乎没有现代工业体系。在中国向缅甸出口的商品方面，主要以机电、纺织原料及制品、基础金属及制品、车辆与零部件和化工产品五大类工业商品为主。此外，又由于中国与缅甸有近2000千米边境线，故边境贸易也是两国双边贸易的重要组成部分。

同时，在缅甸接受外国投资方面，中国是缅甸第二大投资来源国。2019年，中国对缅甸投资总额约210亿美元，紧随新加坡的约224亿美元。原因在于，缅甸军政府为打破西方国家的经济封锁与制裁，促进缅甸国内经济发展，在21世纪初就开始积极吸引中方投资。尤其是2004年后，中国在缅投资快速增长。从2004年的4000万美元增长至2019年的210亿美元，呈现几何级跳跃态势。

2018年，缅甸政府出台了"缅甸可持续发展计划"（MSDP）和"缅甸投资促进计划"（MIPP），积极扩大公共基础设施投资、私人企业投资，计划在未来20年内将缅甸提升到中等收入经济体。2020年2月，缅甸发布2020～2025年第二个五年国家出口战略（NES），将宝石和珠宝、基础农产品、纺织服装、机械电器设备、林渔业以及数字产品五个行业列为优先行业，五个服务行业——数字产品、物流、质量控制、贸易信息以及创新创业也将获得支持。

4. 生产要素

劳动力：缅甸劳动力资源充足，5400万人口中约65%处于劳动年龄，纺织服装业目前仅雇佣当地劳动力50万人左右，资源空间较大。劳动人口素质较高，学习能力强，接受管理程度高。劳动力成本与其他东南亚国家相比具有较高竞争力，普通工人工资约130～150美元。但由于缺乏产业基础，熟练工人稀缺，劳动效率与国内有较大差距，运营两年的服装厂工人效率可以达到国内的60%，运营初期的服装企业工人效率仅为国内30%左右。

能源、资源：缅甸在水、电、油、气的价格方面对本国人和外国人实行不同的收费标准。

电价：实行阶梯电价，工业及商业用电为0.05～0.09美元/度。对外国人视具体情况还要收取变电器损耗费、电表保护费、功率费等多项杂费。此外，缅甸电力供应不足，目前主要靠北部山区水力发电供应到仰光，电压不稳定，企业需自备发电机。

水价：仰光市国民用水约0.06美元/立方米，外国人用水价格则为1美元/立方米。缅甸水供应严重不足，有相当多企业自行打井取水，但地下水含铁量高，部分地区含盐量高，需做净水处理后方可使用及供工人饮用。

燃油及天然气：2019年7月，柴油0.56美元/升，92号汽油0.49美元/

升，95号汽油0.54美元/升。天然气市场价格约合1.29美元/立方米。

物流运输：缅甸国内运输以卡车运输为主，费用较低，但公路运输费用受季节性因素影响，雨季高于旱季。海运价格比较高昂，铁路运输覆盖全国，未来将与中国的铁路网实现连接，目前正在做最终的可行性评估。

工厂建设与租赁：缅甸厂房租金、建筑装修成本大幅高于国内，且由于天气和水电供应问题，发电机、降温设备、净化水系统都是额外的生产成本支出。工业区地皮的年租金为3~5美元/平方米，如租用工业区已建成的楼房或厂房，年租金为50~65美元/平方米不等。莱达雅工业区厂房租金为1~5美元/平方米/月，售价为100~260美元/平方米。仰光瑞比达工业区土地租金为2.8~4美元/平方米/月，售价为50~180美元/平方米。

二、纺织服装产业的发展情况

1. 产业规模

缅甸纺织服装业起步较晚，产业链发展不均衡，服装业增长迅速，纺织上游产业发展较慢，没有大型的纺织厂和印染厂，纱线和面料等原材料主要依靠进口，中国是其原材料主要进口来源国。缅甸现有服装厂600多家，外资及合资占一半以上，中资企业是其中的主要力量，约占60%，大约300家企业，这些服装厂主要集中在仰光地区，雇佣当地劳动力50万人。2019年缅甸服装出口额近50亿美元，主要出口市场为日本、欧盟、韩国、中国和美国。因贸易普惠制（GSP）待遇，缅甸服装出口欧盟可享受免税待遇。

"一带一路"倡议、澜湄合作机制和中缅经济走廊建设等为中缅服装工业合作带来了发展机遇。中国既是缅甸纺织服装产业的投资国、重要的原材料和中间产品的来源地，也越来越成为缅甸纺织服装产品的消费国。

中资纺织服装企业带来了工业化生产的组织和管理经验，为当地培养着管理人才，提升了缅甸服装制造业的整体技术和工艺水平，促进着缅甸服装制造业良性发展和转型升级。服装已超越天然气成为缅甸最大出口产品，而中国在缅甸投资的服装类企业已有数百家之多。

2. 对外贸易

缅甸纺织服装业以服装出口为主要导向，据缅甸成衣制造业协会数据，2015年开始，缅甸服装出口额以每年30%的速度持续增长。根据联合国统计数据，2019年缅甸纺织品服装出口总额为51.3亿美元。主要出口产品是服装，约占纺织品服装总出口额的99%，主要出口市场为日本、欧盟、韩国、中国和美国。缅甸服装出口额预计到2024年将达到100亿美元。

2018年缅甸纺织品服装进口总额为21亿美元，化纤面料及棉纺织产品是缅甸最主要的进口产品，约占72.1%。主要进口来源国是中国，占缅甸纺织品服装进口额的80%，泰国和韩国位列中国之后，分别占缅甸纺织品服装进口总额的4.3%和3.7%。

2019年，中国对缅甸出口纺织品180多亿人民币，占我国纺织品总出口的2.1%，位列纺织品出口国家的第十三位。2020年因为全球疫情，缅甸的纺织生产受到一定影响，从中国进口纺织品减少到166亿人民币。但是占中国出口面料所有商品总值的19.1%，是缅甸进口中国商品比例最大的产品，由此可见，缅甸纺织行业对中国纺织品的高度依赖。同时，近年来包括鲁泰等知名企业进缅投资，作为"一带一路"上的国家，中缅经济与贸易往来密切，是中国重要的合作伙伴。

3. 工业园区

迪洛瓦经济特区：位于仰光省丁茵——皎丹镇区，由日本和缅甸共同投资兴建，总面积达24平方千米。迪洛瓦经济特区A区域第一阶段的土地租赁工作已于2014年启动，现在特区已入驻超过100家企业，主要来自日本、新加坡、中国等12个国家和地区，涉及服装、玩具等行业。

皎丹工业园区：位于南部的孟邦，2016年正式开放，工业园区的基础设施已经完成，约有10家公司已经开始在园内运营。原有的工业园区远离毛淡棉市，交通受限，水、电紧缺，通信业也受到影响。新园区建在毛淡棉市，基础条件很好，园区内已有纺织企业入驻。

勃生工业城：位于伊洛瓦底省首府勃生市，是以服装、纺织、轻工等为主的工业园区，同时也是由全球纺织网与伊洛瓦底公众开发公司合作的缅甸第一个专业型工业园区，可为纺织行业提供高效率的投资创业环境、低成本的经济效益和国际水平的工作生活环境，具有"无须建厂，租厂即可开工"的便利。再加上当地政府全力支持、位置极佳、配套齐全、区域内劳动力充足等优势，这里将成为缅甸纺织服装加工、印染等产业的新兴聚集区，吸引众多中国企业前来投资。

保山—曼德勒经济贸易合作区：位于曼德勒省西南部缪达工业园区新城，距离曼德勒城区63千米，项目总规划用地127万平方米，总建筑面积100万平方米，配套开发标准厂房、仓储和商业、生活设施。项目一期已启动开发，占地面积20万平方米，建筑面积10万平方米。目前，纺织产业园上下游企业产业链已经基本形成，着力将项目建成境内境外产业无缝对接、贸易蓬勃发展的对外合作示范园区。

三、投资环境与政策

缅甸方面的改革计划聚焦于通过对外开放经济，逐步建立起市场化的经济制度，进而实现经济高速增长和社会转型的目标。因此，自2011年起，缅甸方面相继在金融税收、私有化、扶持中小企业、汇率自由化、建立经济特区、吸引外资以及扩大进出口方面出台了一揽子政策，也颁布了一系列法律法规，希望吸引并扩大外国投资者在电信、基础设施、金融和制造业等产业的投资。同时，缅甸方面也与世界银行、国际货币基金组织以及亚洲开发银行等国际组织紧密合作，共同推进国内经济制度改革。最终，成绩斐然，缅甸的经济局面出现了很大改观，增长迅速。

1. 法律

缅甸劳动保护条例严苛，劳资矛盾时有发生。2016年新修订的《工厂条例》对工人上班时间和加班时长均有严格规定，对超时违规者处罚严厉，服装工厂是该条例处罚的重灾区。

2. 税收

经济特区优惠政策：缅甸规划建设的经济特区主要有南部德林达依省的土瓦经济特区、西部若开邦的皎漂经济特区以及仰光南部迪洛瓦经济特区。为吸引外资，缅甸于2014年修订出台了新的《缅甸经济特区法》，2015年发布了《缅甸经济特区细则》。

《缅甸经济特区法》规定，投资者在免税区开始商业性运营之日起，第一个7年期间免除所得税；在业务提升区开始商业性运营之日起，第一个5年期间免除所得税；在免税区和业务提升区投资的第二个5年期间，减收50%所得税；在免税区和业务提升区投资的第三个5年期间，如在一年内将企业所得的利润重新投资，对投资的利润减收50%所得税。投资建设者在经济特区开始商业性运营之日起的第一个8年期间，免除所得税；在第二个5年期间，减收50%所得税；在第三个5年期间，如在一年内将企业所得的利润重新投资，对投资的利润减50%所得税。

外国投资优惠政策：缅甸政府注重纺织服装业发展，并将其作为优先发展产业。2012年缅甸颁布的《外国投资法》制定了成衣行业的投资细则，鼓励外资服装业发展。根据投资法规定，在缅投资享受5年免税期（免除出口税、企业所得税），5年后（不免税）税费为出口额的2%或公司盈利的25%，两者取其高者收取。

《外国投资法》规定了按照投资地域区分的免税政策：第一类为最不发达地区，可最多连续7年免征所得税，包括13个省邦的160余个镇区；第二类为一般发达地区，可最多享有5年免所得税待遇，包括11个省邦的122个镇区；第三类为发达地区，可最多享有3年免所得税待遇，包括曼德勒省14个镇区和仰光省32个镇区。

此外，投资项目所得利润用于再投资同类项目时，所得税可减免，固定资产可减速折旧，研发费用可从所得税纳税额中扣除。用于投资项目建设以及生产出口产品而进口的原材料、半成品和设备等，可享受进口关税适当减免。

资本利得税：在缅甸通过销售、交换及转移资产所获得的收益应缴纳资本利得税。除了在缅甸石油和天然气领域投资经营的公司以外，其他资本利得者须缴纳10%的资本利得税。如果纳税人是在缅甸工作的外国居民，利得税应以外汇缴纳。

商业税：缅甸政府对境内交易及进口的商品和服务的营业额征商业税，一般税率为5%。一个财年内收入在5000万缅币（约合23.4万元人民币）以下的小型企业，不需要缴纳商业税。

印花税：对于3年以内租期的不动产租赁，适用印花税率为0.5%；对于3年以上租期的不动产租赁，适用印花税率为2%。对于仰光地区动产及不动产的转让，适用印花税率为6%。在合约正式签订生效后的一个月内应完成印花税申报及缴税工作，否则将面临10倍的罚款。

3. 金融

缅甸金融体系开放程度较低，对于外商投资支持力度不够。外汇管制严格，不能随意汇出缅甸。在前期公司未注册、开户的情况下，资金不能进入缅甸，资金使用安全具有一定隐患。

4. 贸易政策

缅甸作为东盟成员国，已加入东盟自贸区以及东盟与中国、日本、韩国等国建立的自贸区，出口的纺织品服装享受相关国家给予的进口免关税待遇。同时，因贸易普惠制（GSP）待遇，缅甸服装出口欧盟可享受免税待遇，但目前缅甸尚未单独与其他国家签署自由贸易协定。

四、与缅甸纺织服装产能合作的经验

缅甸纺织服装产业链以服装加工为主，由于劳动力资源丰富，成本较为低廉，服装加工业仍有投资空间。缅甸缺乏大型的纺织厂和印染厂，纱线和面料等原材料主要依靠进口，邻国孟加拉国服装生产也以来料加工为主，企业可根据缅甸及周边国家下游产业需求情况，投建纺纱、织造及印染环节，合理布局，促进上下游产业链融合发展。缅甸政府限制外商投资资源开发和存在污染的行业，中资企业在投建印染厂时，应充分考虑环保、水电供应不足、物流运输效率低等因素，妥善选择生产模式，合理配置资源。

1. 鲁泰（缅甸）有限公司

位于缅甸仰光市以南25千米处迪洛瓦经济特贸区内，总投资1000万美元，是鲁泰纺织股份有限公司投资兴建的第二个海外公司。西距缅甸国际货柜码头1.5千米，船运进出口便利。公司于2016年2月投入运营，目前建有6条缝制生产线，有缅籍员工900余人，缅籍管理人员30余人，生产原料一半来自中国，另一半来自鲁泰越南工厂。产品主要为面向欧盟、日韩市场的各类高档梭织衬衫。

2. 恒田（仰光）制衣有限公司

2014年由无锡恒田投资建立，位于缅甸仰光省莱达雅区水灵班工业区，目前拥有两个工厂，67条生产线，共3000名员工，其中中方管理人员31人，缅方管理人员168人。工厂占地面积4.2万平方米，服装平均年产能力2160万件。主要生产针织服装，原料大多自中国采购，客户主要来自日本。目前公司在缅甸运营状况较好，计划新建3个生产工厂。

3. 缅甸隆生服饰有限公司

2015年8月由大连隆生在缅甸投资创立，工厂位于仰光附近的兰大亚工业区，占地面积1.2万平方米，目前拥有生产线32条，员工人数2055人。主要产品品类有风衣、羽绒服、棉服、PU夹克、棉衣、毛呢外套等，2018年产能150万件，经过技术改造、厂房扩建以及吊挂系统安装等措施后，2019年产能达到240万件。缅甸隆生的主要客户有C&A、TESCO等。

五、与缅甸纺织服装产能合作存在的风险

1. 政治风险

缅甸新政改革以来社会整体上相对稳定，但鉴于缅甸国内复杂的政治、民族、宗教问题，中国企业赴缅投资仍面临诸多不确定性。

国内局势动荡引发的不确定性。一直以来，缅甸国内局势动荡恶化了其投资环境，对投资者的人身安全造成威胁，导致中国企业赴缅投资的安全风险上升，直接影响中缅经济走廊建设过程中具体项目的开展。

总之，缅甸国内各派势力错综复杂，中国企业赴缅投资的风险较大。

2. 政策法律风险

受法制体系不健全和法治水平不高的影响，中国企业赴缅投资存在较大的政策法律风险。缅甸民盟执政以来，先后出台《投资法》和《公司法》，简化了投资审批程序，并逐步放开外商投资领域，但开放程度依然有限，开放领域仍集中在传统的农业、水产养殖和酒店行业。

3. 金融风险

受金融体制和服务相对落后等因素影响，缅甸金融环境不佳，中国企业赴缅投资面临金融风险。外商在缅甸当地银行融资相对困难，尽管在2015年缅甸允许外资银行进入后情况有所改善，但融资规模仍远低于需求额。中国企业赴缅投资必须充分考虑融资难、收汇风险和汇率变动风险，减少损失。

4. 劳工问题

中国企业赴缅投资需解决高素质人才不足、劳资关系紧张所引发的劳工问题。缅甸劳动力丰富，但劳动力素质较低，技术人才短缺。整个国家对于专家型、技术型以及高级管理人才的需求缺口较大。在此情形下，赴缅投资企业往往需要调配非缅劳动力赴缅工作。然而，缅政府仅允许有条件地引进本国劳动力无法胜任的工种。另外，缅甸新《外国投资法》规定，外资企业

所聘用的技术人员中，缅甸雇员的比例在营业的前两年不低于25%，随后两年不低于50%，第五、第六年不低于75%；而且，外资企业还需承担对缅甸雇员进行技术培训的责任。这无疑增加了外资企业的经营成本和管理难度。

5. 基础设施落后

虽然缅甸已通过吸引外资、获取国际援助和低息贷款来弥补基础设施建设的资金缺口，但受经济发展水平影响，短期内仍无法使国内的基础设施状况得到明显改善。落后的基础设施将会影响投资项目的推进效率，也会增加中国企业的投资成本。

第四节　柬埔寨

一、国家概况

1. 自然环境

柬埔寨王国（the Kingdom of Cambodia），通称柬埔寨，旧称高棉，位于中南半岛，西部及西北部与泰国接壤，东北部与老挝交界，东部及东南部与越南毗邻，南部则面向暹罗湾。柬埔寨领土为碟状盆地，三面被丘陵与山脉环绕，中部为广阔而富庶的平原，占全国面积四分之三以上。境内有湄公河和东南亚最大的淡水湖——洞里萨湖（又称金边湖），首都金边。柬埔寨人口约1500万，高棉族占总人口80%。

柬埔寨属热带季风气候，年平均气温29～30℃，5～10月为雨季，11月至次年4月为旱季，受地形和季风影响，各地降水量差异较大，象山南端可达5400毫米，金边以东约1000毫米。

柬埔寨盛产柚木、铁木、紫檀、黑檀等高级木材，并有多种竹类。木材储量约11亿立方米。森林覆盖率61.4%，主要分布在东、北和西部山区。矿藏主要有石油、天然气、磷酸盐、宝石、金、铁、铝土等。水资源丰富，洞里萨湖为东南亚最大的天然淡水湖，素有"鱼湖"之称。西南沿海也是重要渔场，多产鱼虾。

2. 人文环境

柬埔寨是一个多民族国家，共有20多个民族。高棉族是柬埔寨的主体民族，占总人口的80%，笃信小乘佛教。少数民族有占族、普农族、老族、泰族、华族、京族、缅族、马来族、斯丁族等。柬埔寨现有华人、华侨约110万，约占全国总人数的7.2%，主要分布在金边及马德望、干拉、贡不、茶胶等地。首都金边市的华人、华侨最多，有30万人左右。柬埔寨华人、华侨祖籍主要为广东、海南、福建等省，其中以广东潮州籍为最多，约占华人、华侨总数的80%，广肇、客家籍次之（表5-1）。

表5-1　柬埔寨人文环境指标

国家	人口数（百万）	基础教育普及率（%）	佛教人口占总人口的比重（%）	距中国地理距离（千米）
柬埔寨	15.6	81	87	3351.08

资料来源：根据网络相关资料整理

3. 经济发展状况

近年来，柬埔寨一直保持稳定的政治经济环境，积极融入区域、次领域合作，重点参与区域连通计划的软硬设施建设，加大吸引投资，特别是私人领域参与国家建设，"四驾马车"（农业、以纺织和建筑为主导的工业、旅游业和外国直接投资）拉动经济稳步前行。

近年来，柬埔寨经济以年均7%以上的速度快速发展。如表5-2所示，2019年全年柬埔寨国内生产总值约合272.22亿美元，同比增长7.1%，人均GDP增至1706美元。据柬埔寨国家银行报告显示，2019年，柬埔寨三大产业占GDP的比重分别为：农业占16%，工业占38.3%，服务业占38.1%。截至2019年底，柬埔寨外汇储备187.63亿美元。

表5-2　2015～2019年柬埔寨宏观经济数据

年份	GDP 总额（亿美元）	GDP 增长率（%）	人均 GDP（美元）
2015	185.2	7.0	1228
2016	198.2	7.0	1300
2017	222.8	6.9	1435
2018	241.4	7.5	1500
2019	272.22	7.1	1706

资料来源：《对外投资合作国别（地区）指南——柬埔寨（2020版）》

柬埔寨国内产业主要包括农业、工业（以纺织服装业和建筑业为主）、服务业（主要是旅游业）。制衣业和建筑业是柬埔寨工业的两大支柱。近年来，柬埔寨一直利用美国、欧盟、日本等28个国家和地区给予柬埔寨的普惠制待遇（GSP）等优惠政策，以本国劳工成本低廉的优势，积极吸引外资投入制衣业和制鞋业。据柬埔寨工业、科学、技术和创新部统计，2019年柬埔寨全国共有工厂1730家，就业人数104.11万人，其中1069家纺织、服装、制鞋和箱包厂，雇佣工人92.33万。工业领域创造产值148.75亿美元，同比增长13%，其中服务于柬埔寨国内市场产业产值36.9亿美元，同比增长11%；出口产业（服装、箱包和鞋类）产值93.25亿美元，同比增长11%；其他出口产业如大米、白糖、饲料、轮胎、啤酒罐、啤酒、饮料、烟草、衣架、珠宝、运动器械、玩具、塑料产品、化妆品、家具和电力设备等产值19.6亿美元，同比增长27%。

4. 生产要素

柬埔寨是一个年轻化的国家，50%以上的劳动人口在10～35岁，劳动力资源充沛。目前，柬埔寨全国劳动力人口接近750万，且以每年2.7%的速度增长。劳动力就业最大领域为农业、成衣业、服务业。政府为创造更多就业机会，还向马来西亚、韩国等其他国家劳工市场输出劳工，劳动者权益受《宪法》和《劳工法》保护。2019年，柬埔寨将制衣、制鞋业的最低工资标准提高至月薪190美元。以金边市为例，高级经理月薪1000～1500美元、中级经理500～1000美元、初级经理300～450美元、会计人员300～450美元、办公室职员150～250美元。柬埔寨政府对在私营企业或非官方组织工作的柬埔寨籍或外籍雇员征收"工资税"，但对工资以外的福利不征税。

柬埔寨基础设施建设落后，直接导致了货物运输不发达。柬埔寨共有三个国际机场，分布在金边、暹粒和西哈努克省，有南北两条铁路线，总长655千米，均为单线米轨，铁路和机场均以客运为主，货物运输主要靠公路。由于基础设施落后，尽管国内能源丰富，但是对水电资源开发滞后，水电供应短缺，所以导致成本较高。近年来政府已经加快了对基础设施建设的步伐。目前以公路和内河运输为主的交通网络初步形成，但货物运输仍然较不发达。

二、纺织服装产业的发展情况

柬埔寨是一个发展中的东南亚国家，纺织品与服装出口贸易在柬埔寨国民经济发展过程中一直处于重要地位，受到了柬埔寨政府的重视和外国投资者的关注。自1993年柬埔寨对外开放以来，柬埔寨纺织品与服装出口贸易一直处于增长的趋势，特别是随着2003年欧盟国家给柬埔寨提供"武器除外的全面优惠安排"（EBA）政策以及2016年美国政府开始给柬埔寨享受普遍优惠制（GSP）后，柬埔寨纺织品与服装出口贸易迎来新的发展机遇。根据柬埔寨纺织品与服装制造协会（GMAC）显示：柬埔寨纺织品与服装和鞋类出口占柬埔寨全国总出口额约70%，在一定程度上带动了柬埔寨就业、外汇流入、技术转让、人力资本开发和经济发展。柬埔寨国内纺织原料供给不充分，棉花、化学纤维等原料主要依靠从中国、泰国、越南和巴基斯坦等国进口，但棉花进口无配额限制，且可享受零关税优惠政策。

1. 产业规模

柬埔寨经济发展水平较低，工业起步晚，服装加工业是柬埔寨最大的工业产业，出口总额占该国货物出口总额的70%以上。目前柬埔寨共有纺织服装企业500余家，主要以服装成衣制造企业为主。柬埔寨国内缺乏面料纱线等原材料，产业链不完整，配套产业跟不上，只能延续来料加工的出口导向型发展模式，抗风险能力差。服装成品中以初级针织服装为主，产品附加值相对偏低。柬埔寨《2015~2025工业发展计划》提出，到2025年服装加工业占GDP的比重由15.5%提高到20%，并将发展纺织产业链上下游配套环节列为制造业重点发展方向之一，充分显示了政府对纺织服装产业的重视。目前，柬埔寨服装企业中，70%以上为中资企业，其中近半数为中国大陆的投资，两国产业合作密切。

2. 对外贸易

2008年之后，受美国次贷危机的影响，柬埔寨纺织服装出口增速出现下滑，但是在2010年开始回升，如表5-3所示。柬埔寨纺织服装主要出口市场是欧盟，占柬埔寨纺织品服装出口总额的比重达44.8%。受2012年欧债危机的影响，柬埔寨出口欧洲数量减少，对日本和中国的出口增加。2017年，柬埔寨纺织品服装进出口总额为121亿美元。其中，出口总额为80.2亿美元，约占柬埔寨全部货物出口总额的70%。服装是主要出口产品，占纺织品服装出口总额的97.6%。柬埔寨自然资源匮乏，纺织服装业的原材料90%基本依靠从中国进口，2017年进口额为47.3亿美元，主要进口产品为面料，占比超过50%，化纤短纤占23%，此外还有少量家用和产业用制成品，而服装进口仅占2.1%。

表5-3　2007~2017年柬埔寨纺织服装业出口额

年份	出口额（百万美元）	增长率（%）
2007	2754.77	1.43
2008	3113.90	13.03
2009	2559.24	-17.81
2010	3233.57	26.34
2011	4280.07	32.36
2012	4325.54	1.06
2013	5239.85	21.13
2014	5829.81	11.25
2015	6750.07	15.78
2016	7695.39	14.00
2017	8020.65	4.22

数据来源：李国龙. 柬埔寨纺织品与服装出口贸易研究［D］. 北京：北京交通大学, 2020.

3. 产业布局

纺织服装业是柬埔寨重要的产业，带动了整个柬埔寨工业的发展。柬埔寨服装业主要由外国直接投资主导，近95%的工厂是外商独资。这些外商投资企业大多位于柬埔寨各省的经济特区和工业园区内，包括金边市周边地区、柴桢省、卜迭棉芷省、西哈努克港和戈公省的工业园区，其中尤以金边市周边地区为最多，因为接近首都金边，公共设施和交通线路较为完备，原料和成品运输较为便捷。投资商主要来自中国大陆、中国台湾、日本和韩国。在柬中资纺织服装企业目前大部分分布在金边周边地区。位于西哈努克市的西哈努克港经济特区近年来基础建设日益完备，吸引了一批包括纺织企业在内的中资企业在西哈努克港投资建厂，产业集聚效应日趋明显。

柬埔寨政府目前共正式批准45个经济特区，主要分布在国公省、西哈努克省、贡布省和金边市等9个省市。境外投资者在经济特区投资，可享受税收、设备和原材料进口、产品出口等优惠政策。近年来，柬埔寨经济特区吸引外资呈增长趋势，投资外商主要来自日本、中国大陆、中国台湾、马来西亚和新加坡，行业涉及服装、制鞋、电子、农产品加工等。

4. 主要工业园区

西哈努克港经济特区：中国江苏红豆集团与柬埔寨国际投资开发集团合资建立，是开展经贸合作的重点区域、中柬经济合作的样板项目，也是"一带一路"上的标志性项目。临近柬埔寨唯一深海港"西哈努克港"，园区距西港码头仅十几千米，交通便利。园区配有一站式行政服务中心，各项配套资源较完善。园区内由柬埔寨劳工局负责工会管理，员工罢工风险小。周边劳动力供应较好，中方援建的中柬友谊理工学院可为园区培训产业工人。园区配置有5000吨污水处理能力，根据需求可以扩大到1.5万吨，附近淡水河水质良好，能为印染企业入驻提供取水条件。经济特区实行产业规划与当地国情的深度融合，工业一期以纺织服装、箱包皮具、木业制品等为主要发展产业，工业二期将发挥临港优势，重点引入五金机械、建材家居、精细化工等产业。全部建成后，将形成300家企业（机构）入驻，8万～10万产业工人就业的配套功能齐全的生态化样板园区。至2019年底，西港特区6平方千米区域内已初步实现通路、通电、通水、通信、排污和平地，成为柬埔寨当地生产、生活配套环境完善的工业园区之一，并引入了来自中国、欧美、东南亚等国家和地区165家企业入驻，创造就业岗位近3万个。

齐鲁（柬埔寨）经济特区：齐鲁（柬埔寨）经济开发有限公司投资开发建设的经济特区，以纺织服装、轻工家电、食品加工、五金机械等为主导产业。园区位于柬埔寨1号公路南侧，距越南胡志明新山一国际机场95千米，距西贡港150千米，交通便捷，陆运及海运时间短，运输成本低，过境越南无须开柜查验。距柴桢市中心仅4千米，地势平坦，临近湖区，工业用水充沛，柴桢市电力方便输入特区，距湄公河70千米，可以进口印度尼西亚或越南煤炭，运输方便，价格便宜。周边劳动力充足，招工条件较好。政商关系良好，园区可提供一站式行政服务，各项配套资源相对完善，入园企业享有相关优惠政策。

三、投资环境与政策

柬埔寨为了更好地对接"一带一路"倡议，提出了四角战略，确定了未来五年的四大优先发展领域。除此之外，在亚洲基础设施建设银行和丝路基金的支持下，基础设施建设也顺利开展，改善了国内投资环境，吸引我国纺织企业投资。

1. 税收

柬埔寨实行全国统一的税收制度，并采取属地税制。《税法》及其修正法为税收制度提供法律依据。现行赋税体系主要包括利润税、最低税、增值税等，并对经柬埔寨发展委员会审批的可享受投资优惠的投资项目（QIP）税收优惠单独进行规定。

利润税：对居民纳税人在柬埔寨或国外取得收入，及非居民纳税人在柬埔寨取得收入征收。一般税率为20%。对于QIP项目（可享受投资优惠的投资项目），投资后可享受3~8年的免税期（经济特区最长可达9年），免税期后按税法缴纳税率9%的利润税；利润用于再投资的免征利润税，分配红利不征税，每月按照月营业额1%预缴，期末可冲抵。税损可结转，最长5年，不可转回。

最低税：采用实际税制的纳税人应缴纳最低税（QIP项目除外）。税率为年度营业额的1%，包含除增值税外的全部赋税，应于年度利润清算时缴纳。与利润税不重复缴纳，依照孰高原则缴纳。

增值税：一般按10%税率按月征收。但对出口境外的货物或为境外提供的服务，不征收增值税。对生产外贸服装的纺织设备免于征收增值税。

不动产产权税：征税对象为不动产所有人，缴纳公式为（不动产市场价值－估值下限）×0.1%，每年缴纳。

不动产租赁税：对不动产出租人的租金征收10%税率。

车船税：车船所有人根据车船排量、吨位缴纳，金额较低。

财产转让登记税：转让不动产、车船税率4%；转让股票税率0.1%。

2. 优惠政策

给予外资和内资基本同等的待遇。不实行损害投资者财产的国有化政策；对已获批的项目，不对其产品价格和服务价格进行管制；不实行外汇管制，允许投资者从银行系统购买外汇转往国外。

经批准的合格投资项目可取得免征投资生产企业的生产设备、建筑材料、零配件和原材料等进口关税；企业投资后可享受3~8年的免税期，免税期后按税法缴纳税率为9%的利润税；利润用于投资，免征利润税；分配红利不征税；产品出口，免征出口税。

特别经济区域的开发商利润税免税期最长可达9年，在区内投资的企业可享受税收、设备和原材料进口、产品出口等方面的优惠政策。如产品出口国外市场，免征增值税。

3. 金融环境

柬埔寨融资条件较为有限，商业银行业务范围相对较窄，可提供海外资本划拨、信用证开立及外汇服务，但提供不动产抵押、贷款等服务仍很困难，且借款期限较短，利率较高。无外汇管制，但目前人民币在柬埔寨不能自由流通，中资企业不能使用人民币在柬埔寨开展跨境贸易和投资合作，仍以美元作为主要结算货币。为了保持宏观经济和推动经济增长，柬埔寨于2016年10月通过了《2016~2025金融业发展战略》。该战略协助推动经济可持续增长，提高居民生活水平和社会福利，满足融入地区经济和金融领域的需求。

四、与柬埔寨纺织服装产能合作的经验

由于中国的工资水平增长，制造业成本普遍增加，一部分服装工厂从中国迁移到柬埔寨等劳动力成本较低的国家。近年来，柬埔寨新服装厂数量逐步增加，推动了其服装出口增长，与此同时，柬埔寨的服装设备和原材料进口也在逐年增加。柬埔寨服装协会数据显示，目前不仅购买衣服的顾客在增加，新的服装工厂数量也在增加，许多工厂需要进口设备和服装原材料。柬埔寨服装产业的增长，在一定程度上得益于其他国家最低工资水平的上涨，这一情况在中国尤其明显。其直接结果就是一部分工厂从中国转移到了柬埔寨。柬埔寨服装协会每个月要接受10~15个新工厂的咨询，每月至少有四个或五个工厂会成为服装协会的会员。

中国大陆在柬埔寨投资的纺织服装企业约180家（不包含中国香港、中国澳门的65家和中国台湾的89家），包括申洲集团（制衣）、迪尚集团（制衣）、宁波狮丹努（针织服装）、鲁泰集团（服装）、天虹集团（牛仔服装）、青岛即发集团（服装）、江苏东渡、江苏AB（针织内衣）、宁夏中银绒业、江苏联发、百隆东方、上海纺织集团等（表5-4）。以申洲集团为例，2005年尝试在柬埔寨建厂，为了解决柬埔寨面料短缺问题，2013年启动越南面

料工厂项目，经过多年的积累，申洲集团已经在越南、柬埔寨成功实现了"面料+服装"垂直一体化的产能布局。柬埔寨工厂超过50%的订单为45天以内的交货周期，并在尝试大批量35天交货周期。

表5-4　中国部分纺织服装企业在柬埔寨投资一览表

序号	企业名称	投资项目	项目所在地
1	鲁泰集团	色织衬衫	柴桢市齐鲁经济特区
2	江苏东渡纺织集团有限公司	成衣	
3	宁波申洲针织有限公司	面料、成衣	金边市宏达工业区
4	青岛即发集团控股有限公司	织布、漂染、成衣	
5	江苏红豆集团	成衣	西哈努克港经济特区
6	上海纺织联合印染进出口公司	成衣	金边市加华工业区
7	江苏 AB 集团	织造、染整、成衣	金边市
8	广州唯佳安达新材料科技公司	后整理厂	安隆吉里经济特区
9	山东银河纺织集团	面料、服装	曼哈顿（柴桢）经济特区齐鲁工业园
10	山东德棉集团	棉纱、纺纱	西哈努克市
11	鹿王（柬埔寨）针织有限公司	羊绒服装	干拉省工业开发区

资料来源：林丽钦."一带一路"背景下对东盟纺织业的投资策略研究［J］.北部湾大学学报，2019, 34(12): 45–51.

1. 江苏东渡纺织集团（柬埔寨）有限公司

江苏东渡是纺织服装企业中较早进行产能全球布局的企业之一，目前公司在柬埔寨数个工厂运营良好，其中位于首都金边附近安达工业园内的江苏东渡纺织集团（柬埔寨）有限公司生产车间占地8000平方米，共有3条生产线，主要从事婴幼童服装生产，计划未来在柬新增两家员工数量为两三千人的童装工厂。

2. 申洲（柬埔寨）公司

申洲（柬埔寨）公司是柬埔寨目前最大的服装制造企业，在柬共三家工厂，与邻近的越南形成集团海外纵向一体化产业链，解决了11500人的就业。为满足客户产品供应量需求，2018年将生产车间由9个增加至11个，其中一个采用自动化程度较高的吊挂式生产线。2018年产量为5693万件，2019年增至6000万件左右。2018年，申洲集团在金边市筹备建设第三期成衣工厂，2020年中分阶段投产。

3. 鹿王（柬埔寨）针织有限公司

鹿王（柬埔寨）针织有限公司于2009年在柬埔寨投资兴建，2010年正式运营。位于干拉省工业开发区，距首都金边30分钟车程，是目前在柬埔寨投资的唯一一家以羊绒服装生产为主的加工企业。年产能力60万件，预计未来5年可增至100万件/年，目前运营状况总体良好，有增产计划。

五、与柬埔寨纺织服装产能合作存在的风险

1. 贸易结构单一

柬埔寨资源匮乏，发展主要依靠外援。出口市场基本集中于欧美，单一的出口市场结构使得纺织服装业经常受欧美经济波动的影响。而原材料需要从中国进口，物流成本高。服装制成品出口虽然可以享受优惠待遇，但是在劳动力成本和技术上周边国家明显更胜一筹，而非洲一些国家的纺织服装出口也享受了美国免配额免关税待遇，柬埔寨的纺织服装出口面临严峻挑战。

2. 纺织服装业投资环境的变化

全球纺织服装业竞争日俱激烈，柬埔寨的出口优势条件遭动摇。2005年全球纺织品配额取消后，柬埔寨在美欧市场面对缅甸、孟加拉的竞争加剧。2007年越南加入WTO后，更成为柬埔寨的强劲对手。2015年越南与欧盟签署自由贸易协定，已于2018年生效。2018年11月，越南正式加入《全面与进步跨太平洋伙伴关系协定》（CPTPP），2018年12月30日，CPTPP生效。越南可以以优惠关税出口日本与澳大利亚市场，且越南整体投资环境优于柬埔寨，未来可能会出现柬埔寨的外资企业移向越南生产的情

形。柬埔寨已于2016年7月1日起正式脱离最不发达国家，成为中等偏下收
入国家。虽然柬埔寨官方表示需要一定的时间来准备脱离最不发达国家的身
份，但是，在未来柬埔寨可能会失去一些优惠政策，如欧盟提供给最不发达
国家商品免关税、免配额的"武器除外的全面优惠安排"（EBA）待遇以及
普惠制待遇（GSP）等。

一、国家概况

1. 自然环境

孟加拉国地处南亚次大陆，位于连接中国、印度和东盟三大经济体的枢纽位置，地理区位优势明显。国土面积约14.8万平方千米，全境85%地区为平原，东南部和东北部为丘陵地带，南部濒临孟加拉湾。大部分地区属亚热带季风型气候，另有沿海小部分属季风型热带草原气候，总体湿热多雨，有雨季和旱季之分。境内河流纵横，多沼泽，但由于南部地区地势地平，靠近海洋，容易遭受飓风和洪水的侵害。孟加拉国内的渔业资源比较丰富，年产淡水鱼200万吨左右，可供国内消耗，也向欧美、日本等国出口。孟加拉国交通基础设施落后，全国公路总里程为2.1亿千米，市内尚无轨道交通，道路拥挤。境内铁路2884.7千米，仅承担4%的交通运输量。首都达卡至印度加尔各答铁路已开通，孟西北罗洪布尔、东北贝纳波尔也有铁路与印度连接；与邻国缅甸尚无铁路连接。现有8个正在使用中的机场，其中达卡、吉大港、锡莱特为国际机场。该国尚有20%的人口未实现电力覆盖，工业生产对电力需求强劲。首都达卡市是全国政治、经济、文化中心，人口约1454万。吉大港市位于孟加拉湾东北岸，是孟加拉国最大港口城市和全国第二大城市，孟加拉国80%的国际贸易及40%的工业产值均产生于吉大港区域。

2. 人文环境

孟加拉国是南亚次大陆上人口仅次于印度和巴基斯坦的第三人口大国，人口位居世界第八，据世界银行公布数据，2018年人口约1.6亿，占南亚总人口的10%，是人口密度最高及世界最贫穷国家之一。从人口年龄结构上，0~14岁比重约为28.37%，15~64岁比重约为66.53%，65岁及以上比重约为5.10%，是一个年轻型国家。孟加拉国是多民族国家，主要为孟加拉族，约占总人口的98%。国语是孟加拉语，官方语言为英语。伊斯兰教为国教，信徒占总人口的88.3%。实行每周5天工作制，周五、周六为公休日。

3. 经济发展状况

孟加拉国经济发展水平较低，基础设施落后、土地匮乏、能源短缺等问题突出，是目前联合国认定的最不发达的国家之一。但庞大的人口规模也为经济发展提供了源源不断的廉价劳动力，加之物价水平低、政策扶持力度大、对外政策积极等因素，孟加拉国发展劳动密集型产业，特别是出口制造业，仍具有相对良好的基础。孟加拉国近十年GDP平均增速保持在6%以上，2018年GDP达2740亿美元，实现9.7%的经济增长，人均GDP达1698美元，是南亚地区乃至全球经济发展最为活跃的国家之一。2017/2018财年孟加拉国进口额达515亿美元，2018/2019财年商品出口总额为405.3亿美元。美国和欧盟是孟加拉国主要出口市场，中国是孟加拉国最大进口来源国和第一大贸易伙伴。世界经济论坛《2017～2018年全球竞争力报告》显示，孟加拉国在全球最具竞争力的137个国家和地区中排第99位。世界银行《2018年营商环境报告》显示，孟加拉国在190个经济体中排名第177位。近年来，孟加拉国政府通过创建经济区、高科技园区、出口加工区等方式积极鼓励和吸引国内私营企业和外商投资，计划到2030年新建100个经济区，相关建设正在推进中。

4. 生产要素

孟加拉国劳动力资源充沛，是劳务输出大国。根据孟加拉国财政部发布的年度经济报告，2017年，孟加拉国15岁以上、50岁以下劳动人口总数为6210万人。但由于工业发展落后，技术工人较为缺乏，劳动力素质普遍偏低，工作效率不高。人工成本低廉，最低工资折合人民币仅约416元/月，不及越南、柬埔寨最低工资的一半。

孟加拉国是全球重要的棉花进口国之一，当地棉花产量仅满足3%的下游加工需求，国内棉花消费几乎完全依靠进口，年进口额超过30亿美元，其中超过一半是印度棉。

孟加拉国水、电、气供应严重不足，停水断电现象较为普遍，很多投资企业选择自行购置燃油、天然气动力发电机维持电力供应，并申请在厂区内打凿深水井以确保供水。出口加工区供电为11千伏三相电，各区域电价不等，实行波峰波谷电价，折合美元为0.07～0.13美元/千瓦时。工业用水价格约为0.42美元/立方米。工业用气价格为0.09美元/立方米，发电厂用气价格为0.04美元/立方米，自备电站用气价格为0.11美元/立方米；柴油0.8美元/升，汽油1.0美元/升。

孟加拉国绝大部分土地归私人所有，土地价格依据所在地区、交通便利程度、地势高低、水电气供应情况不同而存在较大差异。距离首都达卡30千米左右的栋吉（Tongi）区域，主路附近土地价格约为20万美元/亩，距离主路较远的土地价格约为6万美元/亩；土地租赁价格为300～400美元/亩/年，工厂月租金为0.12～0.2美元/平方英尺。而距离达卡15千米左右的乌托拉（Uttara）区域，工厂月租金为0.5～0.6美元/平方英尺。

二、纺织服装产业的发展情况

1. 产业规模

纺织服装业是孟加拉国经济发展的支柱产业，据孟加拉国服装制造商和出口商协会（BGMEA）统计，目前孟加拉国约有2000多家纺织厂和6000多家成衣加工厂，纺织行业就业人数超过500万人，其中约80%为女性。从产业链结构看，孟加拉国产业链发展不均衡，终端服装制造业是产业链主体，也是孟加拉国的支柱产业，占该国GDP的13%。该国牛仔服装年产量约为2亿件，在欧洲进口市场所占份额达27%，已超过中国。相对于服装制造，中上游的纺纱、织布及染整等环节发展相对较慢，产能不足以支撑下游服装加工生产。目前纺纱厂约200余家，产能仅满足成衣出口中80%～85%

的针织纱线和35%～40%的机织纱线需求，且40%的纺纱厂技术落后，设备陈旧，亟需升级改造。织布机达4万多台，但无梭织机仅占1/4。该国拥有500多家针织布染整厂和300多家机织布染整厂，年加工能力约25亿米，但据BGMEA统计，目前尚有超过20亿米的染整能力缺口需要填补。

2. 国际贸易

孟加拉国是目前世界上仅次于中国的第二大服装出口国，成衣业是孟加拉国的支柱产业，占该国GDP的13%。据WTO统计，2017年孟加拉国纺织品服装出口总额为310.1亿美元，其中服装出口额为292.1亿美元，占93.6%，其余为上游纺织产品。最主要出口市场是欧盟和美国，约占孟加拉国服装出口的93%，其他主要出口国家为日本、加拿大、澳大利亚等。其中，孟加拉国在欧盟服装进口来源国中排名第二，仅次于中国，占比达到17.6%。孟加拉国纺织原辅料主要依赖进口，包括棉花、化学纤维、纺织面料等，中国、印度是其主要的进口来源国。

3. 工业园区

根据《孟加拉国经济区法案》，经济区可采取公私合营（PPP）、私人投资、政府投资、特别经济区四种模式（特别经济区指为某特别产业或商业组织设立的经济区，投资渠道可为以上三种模式中的任意一种）。目前，孟政府已完成59个经济区的选址工作，其中12个为私人投资（含外国投资），2个为公私合营，其余为政府投资。从地域分布上看，达卡行政区20个，吉大港行政区16个，库尔那行政区7个，剩余分布在其他行政区（表5-5）。

表5-5　孟加拉国部分与纺织服装业有关的工业园区

名称	位置	面向行业
蒙格拉（Mongla）经济区	库尔那行政区的巴盖尔哈德市（Bagerhat）	服装、黄麻、食品加工、造船行业等
梅克纳（Meghna）工业园	纳拉扬甘杰市（Narayanganj）	塑料、陶瓷、服装、饮料、信息技术等

续表

名称	位置	面向行业
Bay 经济区	达卡行政区的加济布尔市（Gazipur）	制革、制鞋、食品加工、信息技术、化学、电子、轻工等

资料来源：纺织机械，https://mp.sohu.con

三、投资环境与政策

1. 税收

一般公司税率为35%，上市公司税率为25%，2017年孟加拉国政府将所有出口导向型行业的所得税税率下调为0.7%（除黄麻和黄麻产品，其所得税税率一直为0.6%）。增值税税率为15%。

2. 对外贸易政策

孟加拉国目前尚未与任何国家签订双边自由贸易协定，但已成为亚太贸易协定（APTA）、南盟自由贸易协定（SAFTA）、伊斯兰合作组织成员国贸易特惠制度（TPS-OIC）、8个发展中伊斯兰合作组织国家优惠贸易安排的成员国，是"南盟"发起国、南盟次区域合作组织"南亚增长四角"成员国、东盟地区论坛成员国及孟印缅斯泰经合组织（BIMSTEC）成员国。孟加拉国作为不发达国家之一，除享受欧盟普惠制外，还获得加拿大、挪威、日本、新西兰、澳大利亚的免关税市场准入待遇。从2010年7月1日起，中国对孟加拉国原产的4762个税目商品给予进口零关税待遇，约占全部税目的60%。孟加拉国纺织品服装进口关税税率基本在0～25%。为支持国内发展制造业，鼓励先进装备进口，孟加拉国对纺织用原料和机械免收进口关税。为鼓励投资并刺激出口，孟加拉国政府对服装业实行5%的出口现金补贴。

3. 劳动就业法规

星期五、星期六为公休日，超出规定时间视为加班。加班必须是工人自愿行为，加班费为基本工资的两倍。孟加拉国本土劳动力失业率较高，对雇佣外籍员工管理严格，外国雇员总数不能超过公司雇员总数的5%。

4. 金融环境

孟加拉国货币为塔卡（BDT），塔卡为经常项目下可自由兑换的货币，但对资本项目仍然实行严格的外汇管制。目前，孟加拉国塔卡对美元处于持续贬值状态，人民币与孟加拉国塔卡不能直接兑换。孟加拉国贷款平均利率为14%～20%，其中大中型企业商业融资成本为12.5%～17.5%，小型企业为19%或者更高。由于贷款利息过高，贷款手续过于烦琐，在孟的外资企业一般不选择当地银行贷款。

5. 经济区政策

《孟加拉国经济区法案》给予经济区一些特殊政策，每个经济区的具体待遇，须由开发者与孟加拉国经济区管理局（BEZA）逐案确认。对于园区开发者，最长可有12年所得税优惠期（前10年免缴，第11年减免70%，第12年减免30%）；10年用电免缴增值税；除石油产品外的本地采购物品免缴增值税；为建设中央污水处理厂补贴50%的建设费用；免缴关税、消费税、土地登记印花税及登记费用（限首次交易）；免缴贷款合同印花税及登记费用；分红及服务收费免缴所得税。对于园区入驻企业，最长可有10年所得税优惠期；进口原材料、建筑材料、资本机械、成品等免征关税；分红免征所得税（税收优惠期后）；资本利得免税；投资无金额限制，资本及收益可全额汇出，可提供外汇贷款，可开立非居民外汇账户，本地及合资企业均可开立外汇账户；出口加工区企业可完全使用孟加拉国国内关税区的原材料及半成品资源，出口加工区产品20%可销往国内关税区，可向孟加拉国国内关税区分包，出口免关税；租赁土地、厂房，印花税及登记费减免50%；园区内产生的公共服务免缴80%的增值税；外国投资者前五年可免关税进口两辆机动车，收益再投资可享受新增外资待遇；可采取合资形式，允许股权转让；经济区可作为保税区；专利及技术转让收入免缴所得税；外国投资项目可办理外籍员工工作签证，但人数不得超过企业总人数的5%；投资7.5

万美元以上可办理投资签证，投资50万美元以上可办理永久居留。

四、与孟加拉国纺织服装产能合作的经验

中国纺织服装业一直在全球处于领先地位，先进的生产技术和管理经验都是孟加拉国所缺乏的，而孟加拉国的劳动力成本优势也是中国企业所看中的，双方纺织服装产能合作大有可为。尤其是中国与孟加拉国共同签署的共建"一带一路"和在产能、能源、信息通信、投资等领域的合作，以及发表的《关于建立战略合作伙伴关系的联合声明》，将鼓励中国与孟加拉国相关企业进一步加强合作，孟中印缅经济走廊的建设也将极大程度地促进南亚地区的经济发展。中国政府鼓励国内纺织服装企业积极走出去，深入了解孟加拉国市场情况、政策法规，寻找合作伙伴，实现自身产业结构优化的同时也提升了孟加拉国纺织产业的国际供应商地位，服装制造的面辅料供应链实现进一步优化。两国业界合作空间巨大，共同努力为全球市场提供更好的产品与服务。

在中美贸易摩擦背景下，一些中国纺织服装厂在孟成立合资工厂，其主要原因是中国纺织服装生产成本日益上升、工业向IT等行业转型，与中国、越南和柬埔寨相比，孟加拉国生产成本较低，享有欧盟和中国等主要市场的贸易优惠待遇，孟加拉国纺织服装产业具有较强的竞争优势。因此，两国纺织服装产业展开合作，我国一方面可以出口纺织机械和技术，另一方面可以投资建厂弥补孟加拉国染整行业的不足。

1. 出口纺织机械

中国纺织机械在孟加拉国市场前景广阔。中国纺织机械业近年来发展非常迅速，不仅是细纱机，而且其他设备比如清梳联、精梳机、并条机、粗纱机、络筒机以及某些化纤设备等，在产品质量、可靠性等方面都完全可以满足孟加拉国客户的需求。目前，孟加拉国很多纺织厂使用的都是德国、日本等国家的设备。虽说性能优越，但价格昂贵。由于中国纺机在价格上拥有绝

对的竞争优势，预计在孟加拉国纺机市场上的份额会越来越大。

2. 投资纺纱织布厂

孟加拉国纺织设备及纱线、布匹的巨大缺口给中国企业带来机遇。从表5-6中可以看出，近年来孟加拉国对面料、纱线的需求呈现上升趋势，在孟加拉国纺织服装业的发展及生产体系中，属于中上游的纺纱、织布及染整等系较弱的一环，不论在出口价值及就业人数等方面均不及服装业。所以在孟加拉国，一些传统的纱线、坯布、面料的需求存在很大的缺口。在孟加拉国的6000多家服装企业中，有75%的梭织面料需要进口，210万吨的纱线需求量中，有30%需要进口，2018年，中国对孟加拉国的纱线和面料出口猛增了21.5%。孟加拉国布匹产品的产量虽然每年均有两位数的增长幅度，但由于市场需求旺盛，仅能满足50%左右的需求。为缩小供需缺口，孟加拉国需在未来自己投资或吸引外资建立一系列的纺纱织布厂，这无疑给中国的纺纱企业带来巨大的投资机会。

表5-6　孟加拉国近年面料纱线需求　　　　单位：百万千克

年份	总量	
	面料	纱线
2012/2013	9024	1289
2013/2014	10197	1457
2014/2015	11421	1632
2015/2016	12677	1811
2016/2017	13944	1992
2017/2018	15199	2171
2018/2019	16415	2345
2019/2020	17564	2509

资料来源：孟加拉国纺织和服装业概况，中国棉花网 www.cncotton.com

孟加拉国在棉花、棉纱和织布能力畸形发展矛盾没有得到缓解的情况下，大量急需加工的坯布与印染后整理能力严重不足之间的矛盾日益突出。令人尴尬的是，在孟加拉国的服装加工企业为获得原产地证，不得不使用超过70%的本地原料，由于孟加拉国加工或进口的大量坯布得不到应有的加工和处理，往往导致服装加工企业交货延期。据孟加拉国成衣制造及出口商协会统计，孟加拉国国内目前尚有超过20亿平方米的染整缺口需要填补，这给中国染整企业留下较大的发展空间。

五、与孟加拉国纺织服装产能合作的风险

1. 政治风险

根据政治风险服务集团（PRS Group）提供的各国风险指南中，孟加拉国近年来政治风险状况改善缓慢，仍处于政治风险较高国家。

2. 电力短缺

孟加拉国的能源短缺问题一直是限制该国工业发展的短板，截至2017年，以并网链接和离网链接（家庭太阳能发电系统等）总额来看，孟加拉国目前的电力供应覆盖率约为80%。由于该国发电量和电网系统发展不足，电力供应中断时有发生。预计十年内，孟加拉国将会解决能源短缺问题，但在此之前，解决由于突然断电导致的工期延误和机器损害是当地企业必须重视的问题。

3. 交通基础设施差

交通运输是所有国家经济活动的重要组成部分，特别是在发展中国家，有规划可持续的交通系统发展是经济稳定增长的重要保障。对于纺织业来说，交通运输发展能进一步激发当地纺织业发展的潜力，有助于创造规模经济、降低成本、加快进出口速度，以此赢取更大的市场份额。孟加拉国的交通系统由公路、铁路、内陆水道、两个海港为中心的海运及民用航空组成，其中公路是最主要国内货运方式，且近年来道路运输的占比逐渐升高。但孟

加拉国的道路交通事故是一个不容忽视且日益严重的问题，在未来，薄弱的交通运输系统仍是制约孟加拉国纺织业发展的主要因素之一。

4. 劳动力文化和技能水平较低

孟加拉国工人劳动积极性高，但是文化程度和技能水平较低。劳动力人口中40.1%没有受过任何教育，仅有3.7%的人拥有高等学历，0.1%的人接受过职业教育。这直接导致孟加拉国工人的操作能力和学习能力不足，生产效率相对低下。

5. 纺织服装产业配套能力不足

孟加拉国地少人多，当地缺少种植棉花的意愿和资金技术，纺纱原料严重依赖进口。据统计，孟加拉国本地只能产出15%的纺织工业用棉、20%的织布用纱和30%的印染用坯布，孟加拉国纺织服装业中上游的纺纱、织布及染整等能力薄弱，生产仅能满足50%左右的市场需求，剩余都依靠进口。

第六章　纺织服装产业国际产能合作重点企业经验分析

在我国纺织服装产业国际产能合作中，大批的骨干企业积极进行全球化布局，向立足全球的跨国大企业进军。在这其中，涌现了天虹集团、东渡集团、鲁泰集团、如意集团、安踏集团等非常优秀的企业，它们各自通过不同的方式整合产业链资源，进行全球化的布局，提高供应链的效率，不断地增强自身竞争力，向产业链高端渗透。本章以具有代表性的企业为例，分析其"走出去"经验，为之后的纺织服装产业国际产能合作提供一定的借鉴和思考。

第一节　绿地投资的典型代表——天虹纺织集团

一、天虹纺织集团概况

1. 天虹纺织集团简介

天虹纺织集团创立于1997年，是全球最大的包芯棉纺织品供应商之一，专门致力于高附加值时尚棉纺织品的制造和销售，是我国棉纺织行业竞争力排名前三的企业，同时在中国香港联交所上市。

天虹纺织集团确立了"专业化、规模化、国际化、精益化、差异化"的发展战略，以国际化思维和全球化视野延伸发展，集团总部位于上海，目前建立了江苏的常州、泰州、南通（开发区、如东县）、徐州（开发区、睢宁县、丰县）、淮安（洪泽、涟水），山东的济宁（开发区、微山县）、淄博，浙江的浦江，广东的珠海、湛江、佛山共16个国内生产基地，拥有越南的同奈省、太平省、广宁省（芒街市和海河县），柬埔赛的金边市以及土耳其、墨西哥、尼加拉瓜共8个大型产业基地。目前已拥有420万纱锭及1400台喷气织机的生产能力，投资总规模超过150亿人民币。集团雇佣国内外员工超过40000名，拥有中国市场及全球主要市场全覆盖的销售办事处，逾3000名国内外优质客户，2019年销售额超过220亿人民币。

天虹纺织集团从创立之初至今，一直致力于打造差异化产品并不断地推陈出新，在棉纺织领域推动产业升级及变革，目前已在行业中享有较高的声望，吸引了诸多国际知名纤维供应商的关注与合作。天虹集团多年来采用美国英威达拥有专利的莱卡氨纶系列，出品的弹力纱线已广泛应用于知名高档品牌服装的面料。同时与奥地利兰精公司合作，使用其生产的天丝纤维、莫代尔纤维及黏胶制造高档机织纱、牛仔纱和高档针织用纱。此外，天虹集团也开始应用具有环保概念的涤纶生产与其他纤维的混纺纱线，并强化与日本东丽公司的合作，开发腈纶保暖针织用纱。天虹纺织集团所研发的高档纱线，亦同步应用于本集团坯布及面料的生产，对新型面料的应用，亦能紧密地与纱线研发结合，快速实现产业升级及打造国际化产业链平台。❶

2. 天虹纺织集团发展历程❷

天虹集团始建于1997年，经历了二十几年的发展，经历了立足内地、重组上市及走向国际三个阶段（图6-1），取得了非常耀眼的成绩。

立足内地	重组上市	走向国际
·1997～2003年	·2004～2006年	·2006年至今

图6-1 天虹纺织集团发展历程

图片来源：笔者制成

---

❶ 天虹纺织集团官网，http://www.texhong.com/home/about.htm?catalogid=10 &childcatalogid=11。

❷ 根据天虹纺织集团官网披露材料整理，http://www.texhong.com/home/ eprocess.htm?catalogid=10&childcatalogid=31。

立足内地：在成立初期，天虹纺织集团立足内地，通过在内地成立公司租赁生产和收购破产企业的形式，在内地建立产业基地，扩大企业规模。1997年8月在香港注册成立香港天虹实业有限公司。而后，香港天虹实业有限公司作为投资主体开始投资于内地的纺织行业。1997年成立了天虹纺织（泰州）有限公司，1998年成立了天虹纺织（金华）有限公司和天虹纺织（睢宁）有限公司。2000年，和浦江新天纺织有限公司于浙江省浦江县合资注册成立了浙江天虹纺织有限公司，之后被收购了浦江新天纺织有限公司所拥有的浙江天虹纺织有限公司的全部股权，浙江天虹纺织有限公司成为香港天虹实业有限公司的全资子公司；注册成立了江苏世纪天虹纺织有限公司（前称江苏新天纺织有限公司）并收购了睢宁纺织厂的破产资产；成立了泰州天虹织造有限公司并收购了国营泰州第二织布厂的破产资产。2002年，成立了泰州世纪天虹纺织有限公司、浙江世纪天虹纺织有限公司，成立南通世纪天虹纺织有限公司并收购了如东雄鹰纺织有限公司的破产资产。2003年，成立了徐州世纪天虹纺织有限公司。2004年，成立了徐州天虹银丰纺织有限公司并收购了原丰县纺织厂的破产资产，成立了南通天虹银海实业有限公司。

重组上市：2004年5月26日，于英属维尔京群岛（BVI）成立天虹纺织控股有限公司，2004年7～11月，重组过程完成，12月9日，天虹纺织集团有限公司于中国香港联交所主板成功上市。天虹纺织集团的上市为企业开拓了融资渠道，为企业之后的发展打下了基础。重组上市后，天虹纺织集团的规模不断扩大，2004年12月29日，徐州天虹时代纺织有限公司成立。2005年于BVI成立天虹纺织投资有限公司和天虹（中国）投资有限公司。2006年，成立了徐州天虹银联纺织有限公司、泰州天虹银泰纺织有限公司、常州天虹纺织有限公司。

走向国际：2006年是天虹纺织集团走向国际的元年，2006年10月24

日，天虹越南纺织股份有限公司成立，自此，天虹纺织集团开始了走向国际化的道路。2009年底为越南工厂添加前纺设备，为2010年越南厂房生产更多优质的牛仔纱做好准备；2010年6月18日，在越南启动19万纱锭建设工程；2013年5月1日，天虹纺织集团在土耳其投资设厂；2015年1月，在越南北部开始第三期的扩张计划；2017年4月28日，越南天虹银河布厂顺利投产，8月越南天虹染整厂顺利投产；在布局海外的同时，天虹纺织集团持续在国内布局研发、销售及产业基地。2007年，集中总部及中国各地工厂研发部门的资源，在常州成立一个正规的研发中心，以提升本集团研究及开发新产品的能力，同时增加本集团的产品种类。2009年，在徐州启动徐州天虹时代纺织有限公司第二期7万纱锭建设工程。2011年，成立天虹管理学院。2013年，上海金桥工厂项目动工，同时收购山东德源纱厂有限公司，成立山东天虹纺织有限公司。2015年7月，收购广东湛江中湛纱厂、山东兰雁集团面料和服装工厂。2016年，成立佛山如虹纺织有限公司。2017年，收购中国台湾牛仔服生产商年兴纺织部分资产，成立徐州天虹智能纺织有限公司和虹安纺织（淮安）有限公司。

二、天虹纺织集团的国际化战略

1. 天虹纺织集团"走出去"的历程

天虹纺织集团的国际产能布局开始于2006年，打造了以中国及越南为主的生产基地，依靠越南生产基地不受棉花配额和高差价的影响，取得了比国内大部分同业更好的业绩。

2006年，天虹纺织集团考虑到欧盟及美国与中国签订的纺织贸易协议分别将于2007年和2008年到期，预计到中国与欧美国家进行纺织服装贸易时仍然可能面临贸易保护主义的威胁，导致纺织服装订单向东南亚转移，同时，由于国内劳动成本和能源成本一直上升及人民币升值影响，可能会降低其在国际市场上的竞争力。因此，为了解决成本压力和开拓东盟市场，天虹纺织集团在纱线产能的扩展策略上做出了调整，决定由国内低成本并购转移至向越南扩张。2006年11月，越南第一期扩展计划的7万纱锭正式开始建设。第一期投资约2.3亿人民币。

2007年，天虹纺织集团继续推进其越南投资计划及拓展其在越南的上游业务——纱线厂的产能以供应集团的中国客户及开拓东盟的纺织市场，开启越南的第二期扩充14万纱锭产能的计划。

2009年初，越南纱线生产的第一期和第二期的21万纱锭全部顺利投产。2010年6月，天虹纺织集团在越南开启了第三期19万纱锭的扩充计划，并于2011年4月全面投产。这为天虹纺织集团内各生产基地进一步加强专业化分工生产以及提升集团盈利能力创造了有利条件。2012年，天虹纺织集团开启了在越南北部的新投资计划，第一期为17万纱锭及30台气流纺纱机。

随着中国纺织服装产业"走出去"战略的实施以及"一带一路"倡议的提出带来的政策利好，天虹纺织集团根据自身优势持续推进其国际化进程。2014年，开启了越南北部第二期投资计划的25.8万纱锭以及在土耳其的12万纱锭项目。同时，成立天虹工业园区越南有限公司，总规模33平方千米，分3期建设，第一阶段占地面积6.6平方千米，投资规模2.5亿美元，工业园区2015年动工建设基础设施。2015年1月，在越南北部开启了第三期的扩张计划。截至2015年底，天虹纺织集团在越南有99万纱锭投入生产。2016年，集团通过并购、合资合作等方式在越南打造下游产业链一体化平台，投建坯布厂、印染厂和服装厂。2018年，在越南北部开始新的投资22万纱锭扩展计划来应对差异化纱线的需求。2019年底，集团在越南共布局147万纱锭的产能，到了2020年上半年，在越南的纱锭总数增加至160万锭。

2020年的新冠疫情导致全球需求下降，也使天虹纺织集团的整体收入下降。其2020年上半年年报披露信息显示，集团为了应对中国与欧美等国

家的紧张关系所带来的不确定性，将坚持国际化及产业链垂直一体化的发展
方向，于中国以外地区建设纱线生产基地，直接面向海外市场，在越南及尼
加拉瓜完成建设纺织染三合一的面料生产流程基地。这样一方面减少或规避
了贸易摩擦可能带来的影响，另一方面透过垂直一体化的面料及服装的生产
带动整体利润率上升，减轻受原材料价格波动的影响。2020年下半年，天
虹纺织集团着力在越南扩充针织面料产能，全面推动在越南以及尼加拉瓜的
梭织面料生产及销售，充分利用其已经扩充的产能。

2. 天虹纺织集团国际化战略的特点

首先，天虹纺织集团的国际化布局体现在生产基地、研发、销售和财
务的国际化（图6-2）。天虹纺织集团总部设在上海，主要作为其销售中心，
其在香港上市，香港则成为其财务中心。其生产基地分布在内地的四个省份
和海外的三个国家，研发中心位于国内的江苏常州。

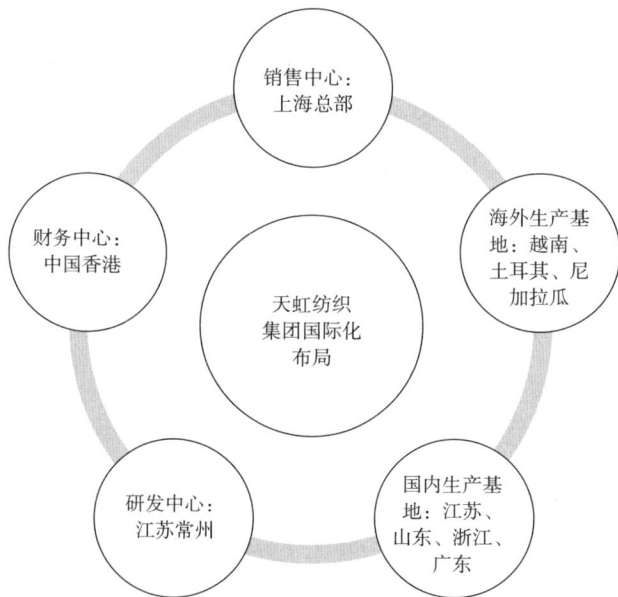

图6-2　天虹纺织集团国际化布局

图片来源：笔者制成

其次，天虹纺织集团"走出去"的目的地主要为越南，投资方式为绿地投资。在越南的绿地投资是天虹纺织集团国际化战略的主要内容，也是其主要亮点。2006～2020年上半年，天虹纺织集团累计在越南投资了160万纱锭，投资建设了天虹工业园区，吸引更多的纺织服装企业进行投资建厂，打造全纺织产业链生产基地。表6-1为天虹纺织集团在越南的主要投资项目，可以看出，天虹纺织集团在越南布局了垂直一体化的产业链，投资以绿地投资为主。天虹集团利用国内的技术设备以及越南相对较低的劳动力成本、相对宽松的投资及贸易环境，打造了以越南为中心的海外生产基地，同时也为越南的经济发展及当地劳动者创造了良好的社会效益和很多的就业机会。其中天虹银龙科技有限公司是天虹集团响应中国商务部"走出去"的国家战略，作为民营企业走出国门投资发展并取得成功的代表。2017年11月9日，在对越南进行国事访问前夕，中共中央总书记、国家主席习近平在越南《人民报》发表题为《开创中越友好新局面》的署名文章，直接点赞天虹集团在越南投资经营十几年，成为在越南成功投资、兴业的优秀代表。

表6-1　天虹纺织集团在越南主要投资项目

公司名称	成立时间	投资额	生产规模	占地面积	员工
天虹仁泽纺织股份有限公司	2006年11月28日	投资总额合计2亿美元，一期总投资4000万美元，二期总投资7000万美元，三期9000万美元	40万纱锭、14台涡流纺	30万平方米	约5000名
天虹银龙科技有限公司	2012年7月10日	3.5亿美元	50万纱锭	35万平方米	约4000名
天虹工业园区越南有限公司	2014年4月25日	2.5亿美元	目前已有天虹的3家子公司及2家天虹的伙伴公司入园投资建设	3300万平方米	—

续表

公司名称	成立时间	投资额	生产规模	占地面积	员工
天虹银河科技有限公司	2014年9月13日	3亿美元	目前包含4个纱厂、1个包覆丝厂、1个布厂、1个针织厂，总规模50万锭	53万平方米	约7500名
天虹染整越南有限公司	2016年1月15日	3000万美元	一期具备300万米/月梭织布的染色能力，二期产量增加至500万米/月，三期达到1000万米/月	12万平方米	约500名
华利达（越南）服装责任有限公司	2016年1月26日	1500余万美元（由天虹集团跟华利达集团合资）	14条羽绒服流水线、8条牛仔裤流水线，产量：羽绒服15万件/月、牛仔裤36万件/月	6.7万平方米	约2000名

资料来源：根据天虹纺织集团官网整理制成

最后，天虹纺织集团的国际化战略布局具有一定的前瞻性。早在2006年，天虹纺织集团就开始了其国际化布局，抢占了先机，从之后的纺织服装产业的国际产能合作来看，很多企业选择在2016年"走出去"，而天虹纺织集团早了整整10年。提前的布局让天虹纺织集团在应对国际经济贸易环境的恶化、棉花配额和高价差的影响以及中美贸易摩擦中游刃有余。经过十几年的投资建设，天虹纺织集团已经在越南打牢根基。

三、天虹纺织集团国际化发展取得的效果

天虹纺织集团依靠其越南生产基地的棉花价格优势、关税优势、投资优势取得了比国内大部分同业更好的业绩，图6-3为天虹纺织集团

2006～2020年上半年的营业额及同比增长变化，可以看出天虹纺织集团自2006～2019年一直保持营业额的正增长，营业额从最初的26.672亿元增加至220亿元，增长了8倍多。

2006年开始布局越南生产基地以来，由于越南的整体平均制造成本大大低于集团在国内的平均成本，使得集团平均成本逐渐降低，拉动集团整体的利润率改善。2008年纺织业原材料、劳动力以及能源成本上涨，加之金融危机的影响，纺织服装产业面临的市场环境愈发严峻，但是凭借越南项目，天虹纺织集团经营业绩稳定增长。2008年下半年越南主要原材料棉花的进口价格大幅降低，而越南并没有对棉花制定进口配额和关税。集团在越南纱线生产厂自2008年起享四年豁免全额所得税、2012年起享九年所得税减半的优惠政策，这进一步改善了集团的平均成本。

2009年，全球经济笼罩在金融危机的阴影之下，但是依靠生产差异化产品和越南的成本优势逆势增长，天虹纺织集团毛利率同比上升2.4%，其中越南的产业基地占据了集团28%的业务收入，为集团进一步实施国际化战略奠定了基础。

2012年海外棉花价格偏低，但国内棉花价格高居不下，国内纺织服装厂商面临巨大经营压力，但是天虹纺织集团由于布局越南，具有一定的优势，有利于争夺市场份额。2013年以后，天虹纺织集团尽量利用海外棉花价格低迷的优势在越南集中生产棉类纱线，在中国国内着力开发定制产品及生产人造纤维纱线，一方面人造纤维纱线需求庞大，另一方面有助于本集团逐步增加人造纤维纱线的销售占比，有效减低棉花价格波动对财务的影响。天虹纺织集团的产品布局策略充分利用集团的国际化产业布局优势，提高盈利水平。

2018年，中美贸易摩擦带来了很多的不确定性，集团在国内的投资减速，重点在越南和尼加拉瓜扩充梭织染色面料生产线，补充建设纺纱及织布生产设施供染整生产过程所用，形成纺纱、织布、染整垂直整合的梭织染色面料生产基地,以规避贸易壁垒和限制。2020年受到疫情影响,全球需求不足,上半年越南纱线及短纤出口量减少了8.1%,收入减少了20.7%,服装出口收入减少12.7%,因此天虹纺织集团上半年营业额大幅度下滑,同比下降了19.4%。但是2019年完成的收购及各中下游业务内部整顿带来了正面效应,有关业务板块的获利能力有所提升,对于整个集团的效益恢复和业务拓展注入了信心。

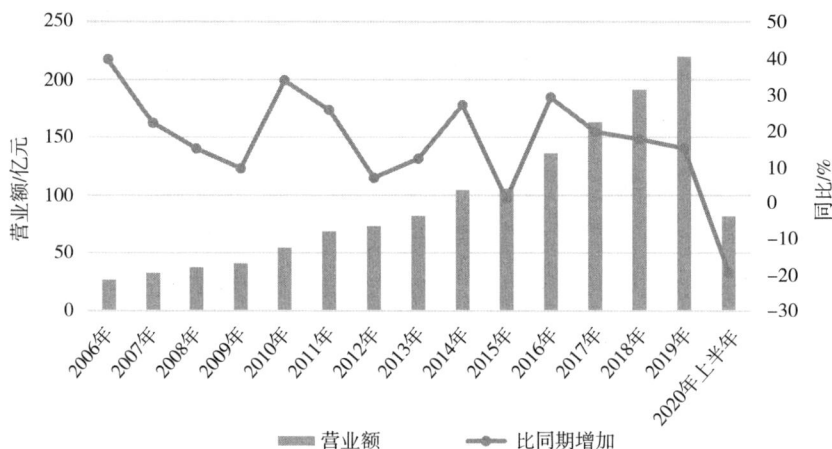

图6-3 天虹纺织集团2006~2020年上半年的营业额及同比增长变化

资料来源:根据天虹纺织集团历年年报公布数据整理制成

第二节
跨国并购的典型代表——山东如意集团

除了像天虹纺织集团一样积极"走出去"进行绿地投资，实现其产业链的国际化布局外，我国纺织服装企业也积极通过海外并购的形式对产业链上游的原材料、终端品牌、销售渠道等资源进行整合。通过对海外优质资源的跨国并购，可以快速地进行全球化布局，带动行业向价值链高附加值领域渗透。在我国通过跨国并购实现国际化的企业中，山东如意集团非常具有代表性，通过十年的资源整合，奠定了其在纺织服装行业中的地位。本小节主要以山东如意集团为例，分析其跨国并购的过程、可以借鉴的经验以及存在的问题。

一、山东如意集团概况 ❶

山东如意集团创建于1972年，起步于济宁毛纺厂，经过了40多年的发展，发展出以毛纺、棉纺为核心的完整产业链，成长为位居中国企业500强及中国100大跨国公司的国际领先纺织时尚集团。

2019年，作为中国纺织服装行业综合竞争力排名第一的企业，如意集团以"高端化、科技化、品牌化、国际化"的战略，走出了中国纺织服装制造型企业转型国际一流时尚产业集团的蜕变之路。如意集团是全球奢侈品行业中拥有最完善的纺织服装全产业链的时尚集团，2019年在全球拥有超过6000家店铺，遍及81个国家和地区，运营30多个国际知名品牌，全球拥有超过50000名员工。

一直以来，如意集团紧握"科技创新为第一驱动力"，推动传统纺织企业向创新型、智能型企业转型。如意集团开发的"高效短流程嵌入式复合纺纱技术"，又称"如意纺"荣获了国家科技进步一等奖，成为新中国成立以来代表中国纺织工业最高水平的国家级奖项，这也是中国纺纱技术领域60年来第一次获此殊荣。这项技术提高了棉

---

❶ 如意集团官网，http://www.chinaruyi.com/home。

纺和毛纺的价值，也使如意集团在世界市场上获得了竞争力。现在，如意集团的新建项目均按照全球先进的水平进行建设，成功打造了原料、纺纱、面料、服装制造全产业链科技纺织新模式。如意集团投资300亿元在全产业链进行的智能化布局，在染色、纺纱、织造、染整、服装链条上建设了以自动化硬件为基础、数字化软件为辅助的全球最大、最全的智能化纺织服装生产制造基地。❶

如意集团经过近40年的发展，已经拥有完整产业链，产业联动协同效应明显。如意集团利用资源整合已逐步形成上下游一体化的产业布局，拥有条染、纺纱、织布、染整、制衣全产业链，发挥互补优势，能够适应消费市场的变化及产品结构的变化。如意集团坚持以品牌为主线，构筑品牌化如意。公司依靠自主原创技术的国际影响力，不断加大品牌建设，致力于将一个传统制造企业发展成为服务型的品牌企业。❷

二、如意集团的并购之路

如意集团在技术上获得了成功，但是仍然缺乏具有国际知名度的时尚品牌。因此，不甘心局限在纺织服装产业价值链低端上的如意集团开始了其国际化的路程，开始向国际知名时尚产业集团转型。从2010年起，如意集团开启了全球品牌并购的历程，从原材料到时尚品牌，如意集团斥资近400亿布局了其品牌矩阵。通过并购，如意集团逐渐壮大成为一个以科技纺织为基础的时尚品牌控股集团。通过跨国并购，如意集团控制了诸多时尚品牌和原材料企业，除了品牌和原材料本身，如意集团还获得了其市场渠道、国际时尚管理人才以及这些品牌丰富的经验。对这些资源的整合，为如意集团进一步推进国际化战略奠定了基础，巩固了如意集团在全产业链上的优势地位。

---

❶ 如意集团："中国时尚"巨轮扬帆世界［J］.中国纺织，2019（10）：158–159.
❷ 如意集团2019年年报。

　　回顾如意集团的并购之路，可以看出，如意集团的并购主要是集中在上游原材料和下游品牌，沿着产业链两端进行国际产能布局。表6-2为如意集团部分并购项目，从其中可以看出，如意集团在2010年收购了日本品牌Renown之后一直致力于毛纺和棉纺产业链资源的整合，从羊毛到纱线和面料。在2011~2013年收购了澳大利亚的罗伦杜牧场、伦普利羊毛公司、卡比棉田，印度的GWA毛纺公司，英国的泰勒毛纺厂、Carloway哈里斯粗花呢生产企业，新西兰的WSI羊毛出口商和Cabalier羊毛清洗公司。通过对产业链中发达国家企业的并购，如意集团获得了先进的技术、先进的管理经验以及设计资源。

　　完成了对产业链上游资源的整合后，如意集团加快了国际品牌收购的速度。2016年收购SMCP时尚集团，2017年收购风衣品牌Aquascutum、高档男装零售商利邦、创新成衣设计制造和供应商Bagir，2018年收购Bally International AG公司，2019年完成对美国Invista旗下服饰和高级纺织品业务的收购。如意集团通过大规模的跨国并购实现了向产业链高附加值的渗透，完成了其向国际时尚集团的转型。

表6-2　如意集团部分并购项目

年份	所在国/地区	业务范围	并购内容
2010	日本	品牌服饰	收购Renown主要股权
2011	澳大利亚	上游原材料	岁伦杜牧场
2012	韩国	品牌服饰	Yeon Seung70%股权
	印度	纺织制造	GWA毛纺公司
	英国	纺织制造	泰勒毛纺厂
2013	英国	纺织制造	Carloway哈里斯粗花呢生产企业
	澳大利亚	上游原材料	伦普利羊毛公司80%股权
	澳大利亚	上游原材料	卡比棉田80%股权，库比棉场
	新西兰	上游原材料	WSI羊毛出口商，Cabalier羊毛清洗公司

续表

年份	所在国/地区	业务范围	并购内容
2014	德国	纺织制造	Peine Gruppe 男装制造企业主要股权
2016	法国	品牌服饰	收购 SMCP 时尚集团 82% 的股权
2017	英国	品牌服饰	收购风衣品牌 Aquascutum
	中国香港	纺织服饰	收购高档男装零售商利邦（Trinity Ltd.）扩大发行后约 51.38% 股本，成为控股股东
	以色列	品牌服饰	收购创新成衣设计制造和供应商 Bagir 扩大发行后 54% 股本，成为该公司的第一大股东
2018	瑞士	品牌服饰	收购 Bally International AG 公司控制性股权
2019	美国	纺织服饰	收购 Invista 旗下服饰和高级纺织品业务，涉及品牌包括 LYCRA（莱卡）等

资料来源：崔晓凌. 中国纺织行业对外投资形势与特点［M］//中国纺织工业联合会. 2018/2019 中国纺织工业发展报告.北京：中国纺织出版社，2019: 183–188.

三、如意集团跨国并购战略的意义及存在的问题

如意集团的并购之路为我国纺织服装产业的国际产能合作提供了非常重要的借鉴意义，是我国纺织服装企业积极利用资本向产业链高端进军的典范，起到了示范作用，也为后续我国纺织服装产业的国际产能合作提供了一定的范本。

如意集团在快速扩张的同时也积累下很多问题。由于扩张速度过快，如意集团存在高杠杆经营及严重的流动性风险问题。实际上，如意集团的经营问题在 2019 年已经开始凸显，2019 年 10 月国际评级公司穆迪就下调了如意集团的评级，原因在于其存在高杠杆经营及流动性疲软的风险。从如意集团 2019 年的年报披露信息可以看出，2019 年如意集团营业收入减少了 13.39%，其中主营的毛纺业务减少了 35.54%。从现金流量表来看，其经营活动产生的现金净流量为 –2.3 亿元，投资活动产生的现金净流量为 –2.19

亿元，而筹资活动产生的现金净流量为0.62亿元。可以看出，企业的现金流是通过筹资活动来维持的，通过举债来维持经营活动，且还在继续扩大其投资规模。如果此时企业处于投入扩张时期且行业前景乐观，渡过此段时间企业还可以进一步发展，但是如果没能解除危机则很有可能陷入非常危险的状态。因此，迅速的扩张过程给如意集团埋下了债务风险和流动性风险的巨大隐患。

2020年新冠疫情让全球的纺织服装产业遭受到了重击，整个行业面临着前所未有的挑战。全球经济疲软带来的需求不足将给纺织服装市场的运行带来巨大的压力。特别是国外疫情迟迟不能得到有效防控，国际市场需求短期恢复无望，许多国际时尚品牌受到严重打击。如意集团海外布局的品牌也因此受到很大影响，这直接导致了如意集团出现了严重的流动性危机。2020年前三季度，如意集团的净利润减少了70%，其中外销业务减少了近67%。

2020年10月，中国证监会山东监管局对如意集团进行了现场检查，发现如意集团与关联方发生资金往来，且未按照规定履行相应的审议程序和信息披露义务。对此，山东监管局对如意集团实施了出具警示函的监管措施，并记入了证券市场诚信档案。12月15日，如意集团官网挂出消息，因受自身债务集中兑付以及融资循环受限的影响，公司出现流动性压力；加之今年新冠病毒疫情暴发，公司生产、销售等经营活动受到严重影响，上半年营业收入及现金流明显减少，加剧了流动性紧张，致使公司应于2020年12月14日到期的中票无法按期兑付。2021年2月20日，中国银行间市场交易商协会发布自律处分信息称，在非金融企业债务融资工具发行人定期财务信息披露过程中，山东如意集团有限公司未能按期披露2020年上半年及第三季度的财务信息，且公司债务融资工具发生违约，属于应当从重或加重处理的情形。2021年3月10日，如意集团被济宁市中级人民法院列为被执行人，执行标的2.06亿元，截至目前，如意集团已经累计被执行金额达到了51亿元。

如意集团的债务危机和流动性危机给了我们非常重要的启示，纺织服装企业在开展国际产能布局的过程中：第一，要充分考虑到跨国并购的步伐。过快的步伐导致的高杠杆在经济繁荣期不会暴发，但是一旦经济衰退，其产生的破坏作用非常强。第二，对于可能产生的风险要做到提前识别。企业可以通过压力测试的方法来考察自身在应对经济环境变化时的抗压能力，充分意识到自己存在的风险点并提前化解。第三，积极利用金融工具应对风险。积极利用套期保值等主动的风险管理方式进行风险防范，提升自身产融合作的能力。

［1］王静. 中国版LVMH集团浮出水面 山东如意向时尚品牌华丽转身［J］. 纺织服装周刊, 2019, 4(24): 34.

［2］牛方. 如意集团：用科技硬实力开辟变局中的新局面［J］. 中国纺织, 2020, 4(Z2): 110-112.

第七章　后疫情时代纺织服装产业国际产能合作的建议

　　2020年初开始的新冠肺炎疫情蔓延全球，使2020年成为了人类历史上非常重要和值得记忆的一年。这一年，疫情导致了全球经济陷入了停滞、贸易停摆、失业率上涨、金融市场产生巨大震荡……这些影响持续地影响着全球经济，使全球经济陷入衰退的风险越来越高。2020年对于纺织服装产业来说也是非常重要的一年，是我国纺织行业建成纺织强国的重要节点，在抗击疫情、复工复产、六稳六保工作中，纺织行业发挥了非常重要的作用。本章旨在分析在内外经济环境发生巨变、供给需求两端均受到疫情冲击的后疫情时代，我国纺织服装产业面临的问题和国际产能合作的影响因素，进而对后疫情时代纺织服装产业的国际产能合作提出一点拙见。

第一节　2020年以来纺织服装产业运行情况

一、疫情冲击纺织服装产业的生产和经济效益

　　新冠疫情在2020年开年暴发，对国内经济造成了很大的冲击，也对纺织服装产业造成了非常负面的影响。特别是1～2月，由于疫情暴发突然且严重，很多企业都选择了推迟开工生产，特别是服装产业这种劳动密集型产业，产业工人因疫情无法复工导致生产推迟。同时，由于交通不畅、产业链上下游复工复产时间不协调、订单减少等原因，第一季度特别是1～2月，我国纺织服装产业生产规模出现下降。根据中国纺织工业联合会披露数据，2020年1～2月，服装

行业规模以上企业累计完成服装产量25.12亿件，同比下降36.61%；中国化纤产量为727.23万吨，同比减少13.64%。

随着复工复产的推进，生产逐步恢复，特别是为了响应国家号召生产口罩、防护服等防疫物品，纺织服装产业积极推进复工复产。根据国家统计局以及中国纺织工业联合会披露数据显示，2020年第一季度纺织行业规模以上企业工业增加值同比下降16.5%，纺织全产业链中，仅有产业用纺织制成品制造行业由于防疫类产品需求激增，呈现11.5%的高速增长，其余环节均为负增长。其中棉纺及印染业同比下降21.7%，服装服饰制造业同比下降19.7%，化学纤维制造业同比下降6.9%。有统计的15个大类产品产量除无纺布外均呈现负增长。第一季度，纱、布、化纤和服装产量同比分别下降26.4%、31.1%、10.0%和20.3%，较前两个月降幅收窄。到了4月，规模以上纺织企业工业增加值同比下降11.3%，降幅较1~3月收窄5.2%。1~5月，全国规模以上纺织行业工业增加值同比减少8.2%，增速低于上年同期11.8%，但较今年1~4月回升3.1%，5月当月增速首度转负为正。

随着疫情防控效果的凸显，行业全面复工复产，终端消费市场开始逐步恢复，特别是防疫用物资的生产呈现了强劲态势，拉动了整个纺织服装产业的恢复。至2020年11月，纺织行业工业增加值同比下降3.1%，降幅较2月大幅收窄了22.5个百分点。特别是9月之后，纺织行业工业增加值连续多月当月增速保持正增长。其中，由于口罩、防护服等防疫物资的国内国外需求旺盛，生产强劲，1~4月产业用纺织品行业增加值增长明显，同比增长33.8%，1~5月工业增加值同比大幅增长50.7%，高于全行业增速58.9%。到了11月，产业用纺织品行业工业增加值同比增长56.4%。在市场需求持续恢复等因素的作用下，化纤、长丝织造、针织、家纺、纺机等行业在9月之后也均实现了工业增加值的较快增长。其中，家纺行业9~11月的当月增加值分别达11.3%、18.6%和9.4%。

生产规模的下降同时带来了经济效益的下降。根据国家统计局数据，

2020年1~2月，服装行业规模以上企业累计实现营业收入1487.91亿元，同比下降28.14%；利润总额54.96亿元，同比下降42.14%；营业收入利润率为3.69%，比2019年同期下降0.89个百分点。1~2月化纤行业规模以上企业营业收入835.84亿元，同比减少28.39%；实现利润总额3.97亿元，同比大幅减少74.78%，其中涤纶和锦纶行业同比分别减少132.01%和15.64%；营业收入利润率仅为0.48%。行业亏损面达48.70%，较上年同期扩大10.86个百分点，亏损企业亏损额同比增加39.49%。根据国家统计局数据，1~3月全国3.3万户规模以上纺织企业实现营业收入8318.8亿元，同比下降25.4%；实现利润总额218.1亿元，同比大幅下降44.2%。企业营业收入利润率仅为2.6%。全国规模以上纺织企业亏损面达36.4%，较上年同期扩大13个百分点，亏损企业亏损额同比增加29.5%。

复工复产后，2020年1~4月，服装行业规模以上企业累计实现营业收入3623.02亿元，同比下降18.47%，降幅比1~3月收窄4.99个百分点；利润总额129.85亿元，同比下降34.77%，降幅比1~3月收窄8.73个百分点。全国规模以上纺织企业实现营业收入11942.5亿元，同比下降19.7%；实现利润总额377.0亿元，同比减少32.1%；企业营业收入利润率为3.2%，较上年同期回落0.6个百分点。

1~5月，全国3.3万户规模以上纺织企业实现营业收入15521.1亿元，同比减少17.2%；实现利润总额546亿元，同比减少24.5%；营业收入利润率为3.5%，低于上年同期0.4个百分点。产业链超八成环节利润降幅超过10%，过半数环节利润降幅仍达30%以上。规模以上纺织企业亏损面达32%。产业用纺织品行业在防疫物资拉动下盈利水平大幅提升，利润总额同比增长189.1%，营业收入利润率达12.2%。

随着下半年经济发展向好、需求增加，企业生产开始恢复，企业经济效益逐渐转好，但是仍很严峻。1~10月，规模以上纺织企业实现营业收入35766.8亿元，同比减少10.7%，降幅较年初收窄18.8个百分点；实现利润总额 1480.7 亿元，同比减少 9.5%，降幅较年初收窄 43.8 个百分点；营业收入利润率为 4.1%，与上年同期基本持平。规模以上纺织企业亏损面达到 26.7%，较上年同期扩大 9.1 个百分点，亏损企业亏损额同比增长 36.2%。产业链主要环节中，仅家纺和产业用纺织品行业利润实现正增长，增速分别为 21.9% 和 229.1%，超 7 成环节利润降幅仍在 30% 左右。

二、疫情影响了纺织服装产业市场需求及投资信心

2020 年初疫情的突如其来直接导致了经济发展的短期停滞，居民收入减少，消费意愿降低，社会总需求下降。在疫情暴发初期的 1~2 月，根据国家统计局的数据显示，社会消费品零售总额为 52130 亿元，同比下降 20.5%。第一季度全国居民人均衣着支出 369 元，同比下降 17.8%，在人均消费支出中占比 7.3%，较上年同期下降 0.8 个百分点。服装作为产业的终端产品，由于其是可选消费品，弹性较大，在居民收入下降、消费整体下滑的情况下，服装的消费下滑更为明显。1~2 月限额以上单位服装类商品零售额累计 1103 亿元，同比下降 33.2%，较上年同期增速下滑 32.7 个百分点。疫情使线上销售得到了快速的发展，根据国家统计局数据，2020 年 1~2 月，全国实物商品网上零售额 11233 亿元，同比增长 3.0%。但是在实物商品网上零售额中，穿着类商品同比下降 18.1%，较上年同期增速下滑 33.7 个百分点。可见，在疫情冲击下，服装消费市场受到了严重的冲击，消费下滑明显。

疫情防控形势的转好带来了消费的增加，2020 年 1~4 月，全国社会消费品零售总额达 106758 亿元，同比下降 16.2%，较 1~2 月降幅收窄 4.3 个百分点；限额以上服装鞋帽、针纺织品类商品零售额 3057 亿元，同比下降 29.0%，降幅较 1~2 月收窄 4.2 个百分点，但是占社会消费品零售额的比重由上年同期的 3.44% 下降至 2.86%。为防控疫情，减少人员聚集带来了线

上销售的增加，1～4月，实物商品网上零售额25751亿元，同比增长8.6%；同时，穿类商品网上零售额同比下降12.0%，降幅比1～2月收窄6.1个百分点。从重点品类来看，女装及家纺类商品恢复启动快。据淘宝平台相关数据，2020年3月，阿里巴巴平台女装及家纺类商品销售增速分别为3.5%和10.8%，到2020年4月，其增速分别提升到47.5%和34.4%。

由于需求不足加之经营困难，疫情期间服装企业关停了大量的门店，1～5月，全国限额以上单位服装鞋帽、针纺织品零售额同比下降23.5%，降幅较1～4月回升5.5个百分点。为了弥补关停门店带来的损失，服装企业转向加强线上销售。1～5月全国网上穿类商品零售额同比减少6.8%，降幅较1～4月收窄5.2个百分点。

到了2020年中，国内的疫情得到了有效的控制，全国各地积极出台恢复经济的措施，特别是消费券等刺激消费的措施促进了全国消费形势向好，纺织服装国内消费状况得到了改善。2020年1～11月，我国限额以上服装鞋帽、针纺织品类商品零售总额10849亿元，同比下降7.9%，较年初降幅大幅收窄了23个百分点。服装鞋帽、针纺织品零售额占同期社会消费品零售总额的比重也由年初的2.9%提升至3.1%。全国网上穿类商品零售额同比增长5.9%，增速较上半年增加8.8个百分点。虽然2020年下半年消费恢复带动了纺织服装产业的终端消费，但是需要关注到其销售额仍然是下降状态，消费依然需要进一步恢复。

受到疫情影响，行业企业投资信心受到了严重影响，行业整体投资规模出现了大幅萎缩，新增投资意愿不强烈。根据国家统计局数据，2020年1～2月，我国服装行业实际完成投资同比下降50.2%，化纤行业固定资产投资额同比减少35.7%，降幅较去年同期加深31.9个百分点。

2020年1～3月，纺织行业固定资产投资完成额同比减少38.0%，增速较上年同期大幅下滑44.5%。其中，纺织业、服装业和化纤业同比分别减少37.1%、45.8%和19.2%，分别低于上年同期46.1、57.2和5.1个百分点。

1~4月，我国纺织行业固定投资额同比下降33.9%，降幅较1~3月收窄4.1个百分点。其中，纺织业固定投资额同比下降32.5%，服装业固定投资额同比下降41.7%，化纤业同比下降16.2%。

1~5月，纺织行业固定资产投资完成额同比减少30.5%，增速较上年同期大幅放缓30.9个百分点。全产业链投资规模均呈下滑态势，纺织业、化纤业和服装业1~5月投资额同比分别减少26.2%、23.2%和39.2%。

虽然在疫情防控的利好和经济恢复的刺激下，行业的固定资产投资降幅有所收窄，1~10月纺织行业固定资产投资完成额同比减少19.6%，降幅较上半年收窄7.7个百分点，较一季度收窄18.4个百分点，但是可以看出在市场需求没有完全恢复的情况下，企业的投资比较慎重。纺织业和服装业投资额同比分别减少10.5%和31.6%，较上半年降幅分别回升11.9和6.3个百分点；但化学纤维制造业投资情况最为低迷，投资额同比减少20.6%，降幅较上半年加深3.7个百分点。从地区上来看，云南、陕西、甘肃等省份的固定资产投资增幅明显，主要是受到了防疫类物资生产的拉动。由此可见，疫情打击了纺织服装产业的企业投资信心和投资能力，一些在建项目也被迫停产，企业在未来可能会保持谨慎的态度看待新增投资，投资信心的恢复还需要更多时间。

三、产业用纺织品行业表现突出

2020年在整个产业承受新冠疫情重压中，产业用纺织品行业表现突出，交出来非常喜人的答卷。防疫物资中的口罩、防护服和消毒湿巾的主要原材料为非织造布，为产业用纺织品的主要产品。

在2020年初疫情突然暴发阶段，我国产业用纺织品企业快速反应，积极复工复产，全力进行口罩、防护服、消毒湿巾等重要防疫物资的生产，为全国抗击新冠肺炎疫情保驾护航，并且拉动了整个行业的生产、出口和利润的增长。根据国家统计局数据，2020年我国产业用纺织品行业规模以上企业的工业增加值增长54.1%。生产方面，全年规模以上企业的非织造布产量达到579.1万吨，同比增长15.8%；经济效益方面，行业规模以上企业的营业收入和利润总额分别为3198.4亿元和365.3亿元，分别同比增长32.6%和203.2%，营业利润率为11.4%，较上年同期增加6.4个百分点。拉动利润增长的主要是非织造布企业，营业收入和利润总额达到1752.8亿元和245.2亿元，分别同比增长54%和328.1%，营业利润率为14%，较上年同期提高9个百分点。出口方面，2020年我国出口非织造布128.9万吨，价值50.5亿美元，分别同比增长32.2%和62.5%。自2020年3月至2020年底，我国累计向全球出口口罩2242亿只，其中医用口罩650亿只；出口防护服23.1亿件，其中医用防护服7.73亿件。口罩、防护服的全年出口额约635亿美元，为全球抗击新冠肺炎疫情做出了非常重要的贡献。

但是在产业用纺织品行业表现突出的同时我们也应该注意到其存在的问题。2021年初，中国产业用纺织品协会面向生产口罩、防护服、原辅料等重点防疫物资的相关企业开展了《关于防疫纺织品行业优化发展相关建议》的问卷调研。通过对176份问卷的分析，中国产业用纺织品协会得到了以下结论：一是防疫纺织品相关产能存在过剩的情况，产业链多集中在华南、华东和京津地区，布局需要进一步优化。二是经营状况较好的企业大多数成立于2016年以前，新成立以及转产企业经营不甚理想。三是经营状况良好的企业倾向于在2021年加大投资，而经营不理想的企业选择缩小规模，甚至逐步退出。四是企业诉求主要集中于市场监管、增量市场培育、应急储备、科技提升等方面。

综上，2020年产业用纺织品行业大放异彩，为我国乃至全球抗击疫情工作起到了保障作用，拉动了我国纺织行业生产、销售、利润和出口的发展，但是大规模的生产增加，特别是新增企业和转产企业的增加带来了行业产能过剩、部分企业经营效果不好等问题。这些问题从远期来看需要行业重视起来。

四、纺织服装出口情况分析

2020年新冠疫情冲击了全球的经济,导致全球投资、贸易的下降和经济的衰退。在严峻复杂的世界经济环境下,我国外贸快速恢复且整体发展持续向好,在2020年实现了对外贸易额和出口总值的历史新高,成为全球唯一实现货物贸易正增长和经济增长的主要经济体。

根据海关统计数据计算,我国2020年纺织服装出口2913.54亿美元,同比增长近9.6%。其中,纺织品出口1538.64亿美元,同比增长29.32%;服装出口1374.9亿美元,同比下降6.4%。其中口罩、防护服等防疫物资的出口是拉动我国纺织服装出口的主要动力。

图7-1为2020年我国纺织服装出口月度统计数据,从数据可以看出,2020年开年由于疫情导致国内停工停产,企业不能及时复工复产,纺织服装出口呈现下降趋势,第一季度的纺织服装出口同比下降了17.7%,其中纺织品出口同比下降14.6%、服装出口同比下降20.6%。4月,随着国内疫情

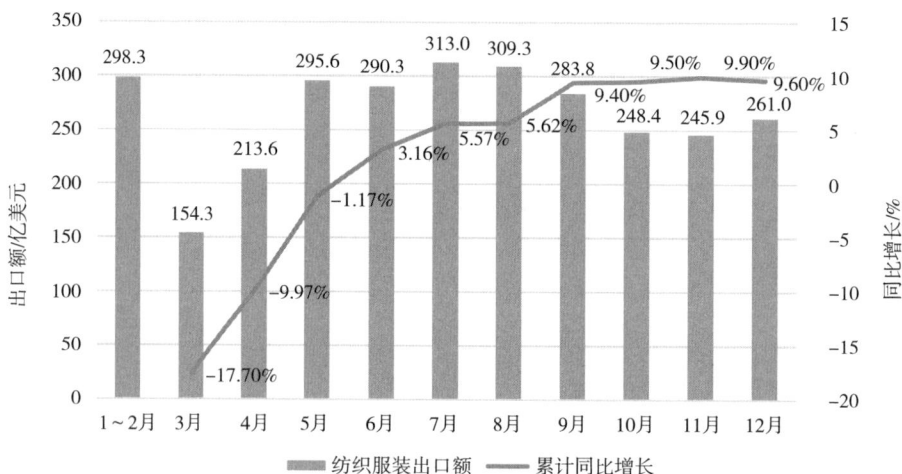

图7-1   2020年我国纺织服装出口月度统计

数据来源:根据海关统计数据制成

得到了控制，企业积极推进复工复产，国际疫情开始加重，防疫物资的需求旺盛，我国以口罩、防护服为代表的防疫物资出口大幅增加，拉动纺织服装累计出口额同比下降幅度收窄至9.97%。5～9月，国内生产全面恢复，国际疫情愈发严重，口罩等防疫物资依然是我国纺织服装出口的主力军，拉动出口持续增加。5月，纺织服装出口总额同比下降幅度收窄至1.17%。6月，纺织服装累计出口同比增长3.16%，恢复了正增长。在之后的7～9月，我国纺织服装出口在口罩出口拉动下持续实现正增长。进入10月后，防疫物资出口拉动作用开始减弱，纺织服装出口呈现放缓趋势，但是出口依然呈现较为稳定的态势，累计出口同比增速依然保持正增长。

虽然纺织服装出口总额实现了同比正增长，体现了我国纺织服装产业强大的韧性，但是从具体分布来看，增长主要是得益于产业用纺织品的出口拉动，服装行业出口依然比较严峻。图7-2和图7-3分别为2020年我国纺织品和服装出口的月度统计情况。

从图7-2可以看出，我国纺织品出口在2020年4月恢复了正增长，并

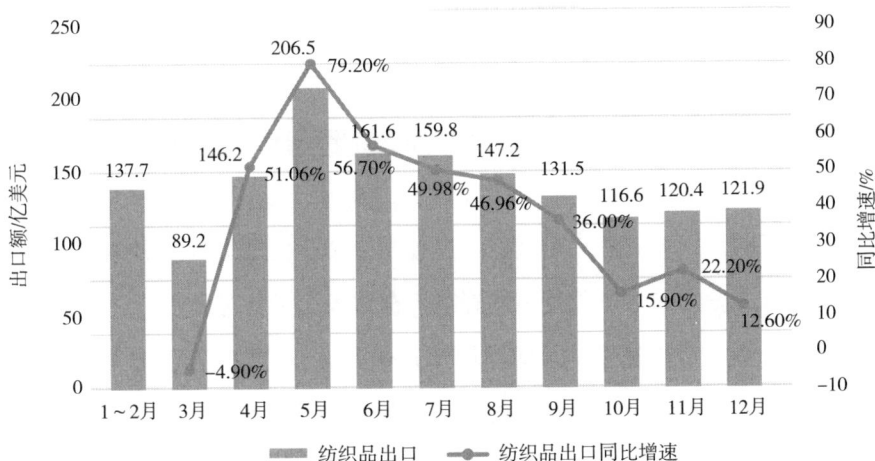

图7-2　2020年我国纺织品出口月度统计

数据来源：根据海关统计数据制成

且持续扩大,在5月份更是达到了同比增长79.2%。6月出现了回落态势,但到8月依然维持近50%的同比增长速度,进入第四季度后逐渐回落至20%左右的同比增速。整体而言,纺织品出口特别是防疫物资的出口成绩单比较优异,同时纺织品出口同比增速高于全国货物出口平均水平,对于拉动我国对外贸易做出了重要的贡献。

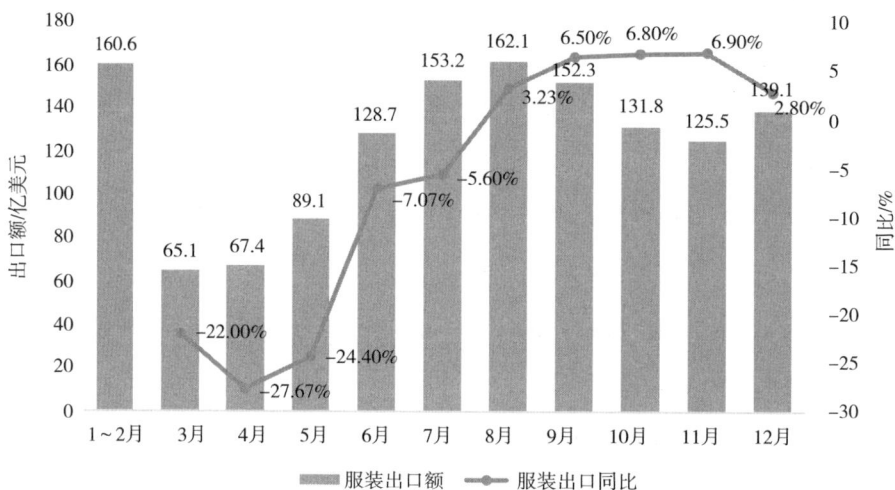

图7-3 2020年我国服装出口月度统计

数据来源:根据海关统计数据制成

图7-3为2020年我国服装出口月度统计,从图表中可以看出,由于受到新冠疫情全球蔓延的影响,国际市场需求萎靡不振,我国服装出口呈现萎缩态势。到7月为止持续呈现同比负增长的情况,但是降幅持续收窄。8月开始我国服装出口恢复同比正增长,这主要是由于我国国内疫情得到了有效控制,国际主要服装生产国疫情的影响仍在继续,而我国国内纺织服装产业的产业链完整、反应速度快,国际订单开始回流,拉动了服装出口的增长。但是,从全年的服装出口来看,由于全球经济衰退导致的消费需求不足使我国服装出口同比下降了6.4%。

2020年,我国纺织服装出口主要消费市场的份额有所提升。2020年

1~11月占美国纺织品服装进口份额提高了5.1%，其中纺织品占比提升了12.4%。前三季度占欧盟纺织服装进口比重提高了12.2%，其中纺织品占比升至65.8%。1~11月占日本进口纺织服装份额提高了3.2%，其中纺织品占比提高了15.1%。❶

---

❶ 来自中国纺织国际产能合作企业联盟整理数据。

第二节

后疫情时代纺织服装产业国际产能合作的影响因素

一、国内外市场需求

截至2020年底，全球疫情形势依然严峻，新冠疫情再次将从次贷危机的衰退中恢复的全球经济打击到低谷。自疫情发生以来，全球范围内纺织服装终端消费出现了大幅度的萎缩。传统的纺织服装消费主要市场美国、欧盟、日本都出现了大幅度的下降，美国2020年3月的服饰类销售额同比下降了50.7%。全球范围内需求的下降使服装品牌生存出现了严重的危机，2020年初，克鲁服装专卖店（J.Crew）申请了破产保护；2020年7月，具有200年历史的美国男装品牌布鲁克斯兄弟（Brooks Brothers）申请破产；2020年9月，德国高级时装品牌爱斯卡达（Escada）在慕尼黑地方法院申请破产；加拿大时装品牌Le Chateau在2020年11月正式进行破产清算，关闭旗下121家门店；11月英国知名零售商阿卡迪亚（Arcadia）集团宣布启动破产清算程序；第二天英国零售业巨头德本汉姆（Debenhams）宣布关门倒闭。而这仅仅是全球需求萎缩的冰山一角，更多的是在后疫情时代倒闭的中小企业。整体来看，短期内全球经济恢复并不乐观，全球主要消费市场的需求回升难有迅速发展。这将直接影响到我国纺织服装企业的出口订单，可能会在一段时期内面临出口订单不足的情况。

反观国内，在疫情初期我国的消费市场也受到了严重的冲击，但是在疫情得到有效控制后，各地政府积极推进促进消费的政策，使我国国内市场逐步回暖。目前，我国处于"十四五"开局之年，经济发展处于非常重要的战略机遇期。

目前，我国正在构建"双循环"的新发展格局，全面促进消费，畅通国内大循环、促进国内国际双循环。"十三五"以来，我国消费市场已经在不断地扩大，"双循环"的新发展格局将推动我国消费市场成为全球最大的市场，也将不断引领我国消费升级。随着我国经济增长和居民收入增加，我国消费市场将呈现高端化、高品质消费的特点。对于纺织服装企业来说，立足内需、向价值链高端渗透将是未来发展的重要方向。而这也将影响我国纺织服装产业的国际产能合作方向，一方面可能会使部分订单回流国内，另一方面可能会加速我国纺织服装企业海外并购。

二、国际经贸关系的变化

后疫情时代的国际经贸关系将影响我国纺织服装产业的产能合作。

首先是中美经贸关系的不确定性将成为长期需要关注的影响因素。美国是全球非常重要的纺织服装消费市场和进口国，也是我国纺织服装贸易非常重要的伙伴。2018～2019年的中美贸易摩擦中，纺织服装并不是摩擦的焦点但也受到了波及，美国对我国出口的纺织服装产品加征关税的范围不断扩大，税率也不断提高，严重影响了我国纺织服装对美出口。中美贸易关系的恶化打击了全球纺织服装品牌采购商的信心，订单更多地流向东南亚、非洲等地区的国家，同时我国纺织服装企业也因此"被动走出去"，将订单转移至海外工厂进行生产，来规避可能出现的风险。2019年我国纺织服装产业对外投资比2018年增加了31.8%，这一数据说明了我国纺织服装产业对外投资的积极性。2020年初中美达成了第一阶段经贸协议，中美贸易摩擦暂时告一段落，但是我们需要清醒地认识到中美之间的竞争关系并没有结束，随着美国本土疫情的不断恶化、经济的衰退、单边主义的抬头，贸易之间的摩擦依然可能再次出现。在未来，中美经贸关系的变化依然是我国纺织服装产业国际产能合作值得关注的重要影响因素。

其次，区域经济合作未来将在全球产业链布局中发挥重要作用。虽然全球经济受到了新冠疫情的影响，但是全球化的进程依然在推进，特别是2020年以来依然有很多新的自贸协定签署，《中国—柬埔寨自由贸易协定》《区域全面经济伙伴关系协定》（RCEP）相继签署，2021年初《中国—毛里求斯自由贸易协定》生效。其中特别值得关注的是《区域全面经济伙伴关系协定》的签署。RCEP由东盟于2012年发起，历经8年谈判达成协议，现有15个成员国，总人口、经济体量、贸易总额均约占全球总量的30%，意味着全球约三分之一的经济体量形成了一体化大市场。RCEP在市场开放方面涵盖了货物贸易、服务贸易、投资、自然人流动等方面的内容，同时纳入了知识产权、电子商务、竞争、政府采购等议题，在中小企业、经济技术合作等领域做出加强合作等规定。

我国与RCEP其他成员国之间纺织服装贸易非常密切，东盟、日本是我国非常重要的出口市场，同时韩国和澳大利亚也是纺织服装的重要的消费市场。而且东盟是我国最大的纺织服装进口来源地，进口额占比达到30%。澳大利亚、新西兰是我国羊毛等纺织原料的主要来源地，日本和韩国也是我国功能性面料、化纤制纺织品服装的主要来源地。RCEP的签署将对区域内纺织服装贸易规模以及产业链供应链合作产生非常重要的影响。未来，随着关税的降低，中日纺织服装贸易规模有望进一步扩大。

在原产地规则方面，RCEP在本地区使用区域累积原则，使得产品原产地价值成分可在15个成员国构成的区域内进行累积，来自RCEP任何一方的价值成分都会被考虑在内，这将显著提高协定优惠税率的利用率。这将有助于跨国公司更加灵活地进行产业布局，建立更精细、更完善的产业链分工体系，降低最终产品的生产成本，不仅有助于扩大RCEP成员之间的贸易，还将极大地促进区域供应链、价值链的深度融合和发展。RCEP除了投资自由化外相关规则外，还包括投资保护、投资促进和投资便利化措施。这都将推动我国纺织服装产业在东南亚地区的产能合作发展，加速区域内高效、协同的产业链的建立。

RCEP的签署有利于区域贸易投资的发展，推动区域内国家尽快从新冠疫情打击下的低迷状态复苏，促进区域经济发展。同时，RCEP的签署也有力支持了自由贸易和多边贸易体制的发展，有助于经济全球化的发展，拉动全球经济向好发展。

三、企业投资的信心和实力

国际产能合作无论是绿地投资还是海外并购，其主体最终都是企业，而对于企业是否会积极对外进行投资则取决于其对自身发展的战略布局、对市场的信心以及其是否具有对外投资的实力。

根据联合国贸易和发展会议发布的最新的《全球投资趋势检测》报告，2020年全球外国直接投资下降42%，超越了2009年次贷危机的影响。外国直接投资下降主要集中在发达国家，降幅为69%，发展中国家降幅较小，为12%。从投资方式来看，绿地投资同比下降35%，跨国并购下降10%。由此可见，新冠疫情严重影响了全球的投资，企业在后疫情时代的投资信心和投资能力受损严重。

新冠疫情的蔓延对我国纺织服装企业的投资信心造成了一定的影响。首先是全球经济衰退局势已定，而由于国外疫情迟迟不能得到有效控制，国际经济的复苏短期内并没有达成很好的预期，国际市场需求不足将在未来一段时间内持续，这将很大程度上影响到企业投资增产的信心。其次，中国正在构建的"双循环"发展格局以及全球价值链的结构性变化也使行业认识到需要加快形成立足内需市场的开放型经济，新冠疫情让行业更加清楚未来需要加快产业链升级，加强对产业链的控制能力，需要关注产业链的安全与稳定。

新冠疫情带来的影响导致了企业的投资能力下降。新冠疫情发生初期，整个纺织服装产业面临着生产萎缩、投资严重下降、经济效益明显恶化的问题，之后在国家有效的疫情防控下，纺织服装企业积极复工复产，在防疫物资和国际订单回流的作用下实现了正增长，但是需要注意的是纺织服装企业面临的压力依然巨大。2020年1~10月，规模以上纺织企业营业收入同比减少10.7%、利润同比减少9.5%，规模以上纺织企业亏损面达到26.7%，同期扩大9.1个百分点，亏损额同比增长36.2%。除了产业用纺织品行业外，其他子行业的经营现状依然堪忧。在收入减少的同时，企业总资产周转率和产成品库存周转率均出现放缓，为13.9%和12.5%。三费比例较同期提高了0.7%，资产负债率提高0.3%。整个行业中中小微企业生存压力明显增大，受到订单减少影响，不少中小微企业陷入停产状态。同时，由于企业流动资金出现了严重不足，资金周转出现困难。2020年成为大多数企业保生存的一年，经营效益的不振将导致纺织服装企业在未来的对外投资中更加谨慎。

第三节　后疫情时代对纺织服装产业国际产能合作的建议

一、加强政策支持，恢复企业投资信心和能力

当前，新冠疫情的影响仍然在持续发力，世界经济短期恢复乏力、贸易单边主义抬头、地缘政治冲突不断，这些都是影响纺织服装全球产业链安全的非常重要的风险因素。全球经济的衰退和预期长期的需求不足损害了企业的投资信心和投资能力。如果长期处于经营效益恶化的状态，行业整体的国际竞争力将受到影响。因此，应该尽快出台一系列的振兴政策来修复产业生态，恢复企业的投资信心和投资能力。

首先，加大对纺织服装企业的支持力度，帮助行业渡过后疫情阶段的困难时期。受新冠疫情冲击严重的中小微企业、专注于国际市场的外贸型企业、由于疫情导致资金周转困难的骨干企业都亟待帮扶。第一，落实国家已经出台的减税降费政策及金融政策，各地各级政府应该根据自己地区的财政情况，适当延长优惠政策并且针对所在地区的纺织服装企业受损情况给予更多的优惠，特别是对供应链有重要影响的企业给予融资便利、税费减免；对于严重受损的中小微企业予以重点扶持并提供相应的税费、租金减免外，引导企业转型；对于由于国际需求萎缩导致国外订单取消的外贸型企业，应该积极引导其出口转内销来渡过困难期。通过有针对性的帮扶政策助力纺织服装企业渡过后疫情时代的恢复期。

其次，引导国内消费，扩大国内消费市场。疫情发生后，国内外需求的骤减导致企业开工率不足、产能利用率不足现象严重。在未来，国际需求快速恢复存在困难，但是国内疫情防控得利，且目前构建的"双循环"新发展格局更加有利于国内消费的发展，因此，企业应该立足国内需求进行恢复生产。目前国内很多大城市积极建设国际消费中心城市，各地积极利用消费券等方式拉动内需，相信未来国内

消费将是企业复苏的重要基石。针对纺织服装产业，应该突出服装在消费升级中的引领作用，拓展销售渠道，激发市场潜力。引导纺织服装企业打通互联网销售渠道，用好直播等新兴销售手段和渠道。

最后，积极开展行业展会，为纺织服装企业搭建对接国内和国际市场的平台。在2020年疫情暴发期间，中国纺织工业联合会积极作为，通过线上展览、小程序、APP、在线解答等形式助力企业复工复产。在疫情得到控制后，中纺联积极组织了大湾区国际纺织服装服饰博览会、家用纺织品展、产业用纺织品展等线下展会，帮助纺织服装企业打通国内产业循环。同时，中纺联也积极通过国际纺联视频会议、中日韩纺织业视频工作会议、2020澜湄纺织服装产业对话线上会议、ITC纺织价值链网络研讨会、中国—巴基斯坦纺织业贸易与投资网络研讨会等活动与国际产业界保持联系，共同维护纺织服装产业全球产业链的安全和稳定。根据中纺联公布资料，中国国际贸易促进委员会纺织行业分会计划在2021年继续筹办各种展会来支持产业发展（表7-1）。

表7-1　中国国际贸易促进委员会纺织行业分会2021年国内展览计划

一、中国国际纺织面料及辅料 （春夏）博览会 时间：2021年3月10～12日 地点：国家会展中心（上海）	五、中国国际纺织纱线（春夏） 展览会 时间：2021年3月10～12日 地点：国家会展中心（上海）
二、中国国际服装服饰博览会 （春季） 时间：2021年3月10～12日 地点：国家会展中心（上海）	六、2020中国国际纺织机械 展览会暨ITMA亚洲展览会 时间：2021年6月12～16日 地点：国家会展中心（上海）
三、中国国际家用纺织品及辅料 （春夏）博览会 时间：2021年3月10～12日 地点：国家会展中心（上海）	七、中国国际产业用纺织品及 非织造布展览会 时间：2021年 地点：中国·上海
四、中国国际针织（春夏） 博览会 时间：2021年3月10～12日 地点：国家会展中心（上海）	八、中国国际纺织面料及辅料 （秋冬）博览会 时间：2021年8月25～27日 地点：国家会展中心（上海）

续表

九、中国国际服装服饰博览会 2021（秋季） 时间：2021 年 8 月 25 ~ 27 日 地点：国家会展中心（上海）	十三、2021 大湾区国际纺织 面料及辅料博览会 时间：2021 年 11 月 3 ~ 5 日 地点：深圳国际会展中心（宝安新馆）
十、中国国际家用纺织品及辅料 （秋冬）博览会 时间：2021 年 8 月 25 ~ 27 日 地点：国家会展中心（上海）	十四、2021 大湾区国际服装 服饰博览会 时间：2021 年 11 月 3 ~ 5 日 地点：深圳国际会展中心（宝安新馆）
十一、中国国际针织（秋冬）博览会 时间：2021 年 8 月 25 ~ 27 日 地点：国家会展中心（上海）	十五、2021 大湾区国际针织博览会 时间：2021 年 11 月 3 ~ 5 日 地点：深圳国际会展中心（宝安新馆）
十二、中国国际纺织纱线（秋冬）展览会 时间：2021 年 8 月 25 ~ 27 日 地点：国家会展中心（上海）	十六、2021 大湾区国际纺织纱线博览会 时间：2021 年 11 月 3 ~ 5 日 地点：深圳国际会展中心（宝安新馆）

图表来源：徐迎新.助力行业内循环 开放合作谋新篇［J］.中国会展，2021，4（1）：126-127.

二、持续推进国际产能合作，提升企业跨国资源整合能力

　　纺织服装产业是全球化程度非常高的产业部门，在行业价值链的各个环节都有非常好的国际合作经验。2020 年新冠疫情的暴发前，我国纺织服装产业已经有了非常好的国际产能合作的经验。后疫情时代，应该持续推进纺织行业的国际产能合作来提升企业跨国资源的整合能力，以外促内拉动国际国内市场同时发展。

　　2020 年的新冠疫情让纺织服装产业的国际产能合作的步伐变慢，特别是在 2020 年海外订单大量回流国内，拉动了 2020 年我国纺织服装的出口。虽然 2020 年我国纺织品服装出口表现较好，但是需要清醒地认识到首先是防疫物资的出口拉动效果明显，未来防疫物资出口回落会带来纺织品出口的回落。其次，还需要认识到服装订单回流的情况虽然拉动服装出口同比增长转正，但是随着服装主要生产国的疫情得到控制，产能恢复，订单再次流向

国外的可能性依然很高，同时随着订单回流带来的原材料价格的攀升可能会压缩企业的利润。但是此次订单回流证明了在疫情面前我国强大的制度优势保证了在疫情蔓延的动荡局面下全球纺织服装产业链的稳定，体现了我国纺织服装产业供应链的完整性、稳定性以及强大的竞争优势。

后疫情时代是一个充满了不确定性的时代，是逆全球化风险、地缘政治风险、经济衰退风险等风险交织的时代。在这种充满变化的时代，我国纺织服装产业应该牢牢控制住供应链的稳定和安全，在全球价值链中发挥重要作用。纺织服装产业已经高度全球化，因此未来在国际产能合作中止步不前是不可取的，应该引导企业和产能合理布局，从长远战略出发优化国内国外产能的布局，做到协调统一，同时加强对国内国外资源的整合，提高供应链的稳定性，提高整个行业对风险的抗击能力。在这其中，政府以及行业协会应该加强对企业的政策引导、信息的提供以及投资的支持，使国内纺织服装企业的"走出去"更有序、更有力、更高效，推动我国纺织服装产业供应链的多元化布局。企业也应该积极关注相关国内和投资国政策的变化，依据自身优势，合理做出长远战略规划，对"走出去"的方式和进程要做出明确的规划，切忌采取"被动"和"冲动"的"走出去"模式。

三、产业要加快向产业链高端升级的步伐

疫情蔓延前期，口罩、防护服、消毒湿巾等防疫物资短缺严重，这使世界意识到了供应链安全稳定的重要性。新冠疫情后，在产业链的布局中更多的国家将更多考虑的是供应链的安全而非效率，这可能引发部分产业链环节回迁或者外迁。加之全球经济衰退导致的单边主义、贸易主义抬头，国际经贸环境可能进一步恶化。目前，随着我国纺织服装产业国际产能合作的推进，纺织服装产业链中的中低端产品已经向东南亚、印度、非洲等国家和地区转移，而且这些国家和地区在劳动力成本、土地成本、能源成本、税收、关税等方面具有一定的优势，这都将导致我国纺织服装产业在产业链低端的

生存空间越来越有限。目前无论从生产规模、市场份额还是出口额，我国纺织服装产业都位居世界第一，已经成为真正的"纺织强国"。因此，在未来我国纺织服装产业应该加快向高附加值的产业链高端升级的步伐，实现高质量发展。

以科技创新推动纺织服装产业提升核心竞争力是实现纺织服装产业高质量发展的重要途径。科技创新在21世纪已经成为非常重要的生产要素。互联网技术、大数据技术、区块链技术、人工智能技术的应用改变着、推动着产业的发展，改变着人们的生活。纺织服装产业应该加快建成全产业链的数字化，融入数字经济，提升效率和质量。鼓励企业发展核心竞争力，攻克技术难题，取得技术突破。推动新兴科技应用在生产、产品、管理等方面的创新中，使科技可以赋能创新，进而引领整个产业的高质量发展。对此，政府以及行业协会应该积极引导企业进行科技创新，为企业营造相应的发展环境，对重点实验室的发展予以支持。打通产学研的资源，实现产业和科研资源相通，并建立完善的知识产权保护机制，对相关研究成果予以保护。积极推进科技创新的国际合作，与国外的重点企业展开技术合作，以合作促进双方的发展，实现共赢。

引导纺织服装企业通过海外并购的形式整合供应链。绿地投资和海外并购都是我国纺织服装企业"走出去"的重要形式，相较于海外并购，绿地投资的投资体量更大、周期更长。后疫情时代，绿地投资项目的新建将变得更为慎重，但是海外并购则可以通过资本迅速地汇聚资源，快速打通市场渠道，来实现从上游原料到终端品牌的供应链的整合。目前，我国纺织服装骨干企业已经在海外并购中积累了一定的经验，在后疫情时代这些都将在我国纺织服装产业向价值链高端渗透中发挥一定的作用。

加强品牌建设，提升国际时尚话语权。纺织服装企业应该加大对于自有品牌的培育工作，孵化出高溢价的国际品牌，应该结合中国自身优势，发展具有民族的、世界的特质的国际品牌。通过产品创新、渠道创新、模式创新来推动品牌在国际流行趋势中的引领作用，提升中国品牌在国际时尚中的话语权。

四、东南亚、非洲仍为重要投资区域，但应该充分识别投资风险

通过多年的国际产能合作，东南亚和非洲已经成为我国纺织服装产业非常重要的生产基地。通过国际产能合作，东南亚和非洲国家建立了一定的纺织服装产业基础，并且可以解决其国内的就业问题。未来也依然是我国纺织服装产业国际产能合作非常重要的投资区域，"一带一路"建设的推进及RCEP的签署将带动区域内经济发展和营商环境的改善，这些都将有利于我国纺织服装产业与东南亚及非洲国家的国际产能合作。

但是，在投资过程中企业应该充分识别可能存在的风险。

首先，由于东南亚及非洲地区的国家不具备完整的产业链，且产业链抗击风险能力偏弱，投资时应该充分考虑到突发情况对当地生产的冲击及可能产生的停产风险。例如，此次新冠疫情的蔓延导致了缅甸、柬埔寨等国家服装产业停工停产。柬埔寨更是因为EBA（武器除外的全面优惠安排）的取消导致其出口欧盟的商品价格上涨，降低了其在欧盟市场上的竞争力。因此，企业投资时也要考虑到其所在国家贸易环境的变化。

其次，充分考虑地缘政治风险和投资国国内政治风险。地缘政治风险可能会影响两国经贸关系和投资国国内民众的情绪，企业在投资时应该有提前的预判和风险应对方案。孟加拉国、埃塞俄比亚、缅甸等国国内冲突偶有发生，安全形势需要多加关注。

[1]孙瑞哲. 纺织强国再出发　谱写高质量发展新篇章［J］. 纺织导报，2021，4(1)：15-28.

［2］孙瑞哲. 纺织业如何促稳［J］. 纺织科学研究, 2020, 4(6): 19-27.

［3］胡立彪. 清醒认识海外纺织订单回流［N］. 中国质量报, 2020-11-03(002).

［4］陈志. 新冠疫情下我国15大制造业全球供应链风险分析与对策建议［J］. 科技中国, 2020, 4(8): 1-6.

［5］孙瑞哲. 大变局下中国纺织创新发展展望［N］. 中国纺织报, 2020-07-06(001).

［6］中国纺织工业联合会官网, http://news.ctei.cn/.

［7］http://fta.mofcom.gov.cn/article/rcep/rcepjd/202011/43619_1.html.